_____ 드림

미친
집중력

초판 1쇄 인쇄 2015년 9월 21일
초판 1쇄 발행 2015년 9월 28일

지은이 김규태

발행인 장상진
발행처 경향미디어
등록번호 제313-2002-477호
등록일자 2002년 1월 31일

주소 서울시 영등포구 양평동 2가 37-1번지 동아프라임밸리 507-508호
전화 1644-5613 | **팩스** 02) 304-5613

ⓒ 김규태

ISBN 978-89-6518-142-2 13370

· 값은 표지에 있습니다.
· 파본은 구입하신 서점에서 바꿔드립니다.

미친 집중력

두뇌개발 교육자 김규태의
3배속 독서법

김규태 지음

경향미디어

프롤로그

스피드 리딩으로 미친 집중력 기르기

중학교 2학년인 은주는 속독법 트레이닝을 받고 꿈에 그리던 전교 1등이 되었다. 아직도 그 아이가 기억법과 속독법 트레이닝에 임하던 모습을 잊을 수가 없다.

기억법과 속독법 트레이닝은 여타의 학습에 비해 두드러지게 두뇌 자극이 강하다. 통상보다 짧은 시간에 몇 배나 되는 정보를 두뇌에 입력하는 작업이 이루어지기에 두뇌 회로가 감당해 내야 하는 정보의 처리량 또한 월등히 많아 트레이닝하는 시간 동안 일종의 두뇌 과부하 상태가 지속된다. 훈련에 초집중할수록 두뇌 자극은 더 강해지는데 이것이 한계치를 넘어설 경우에는 코피를 터트리기도 한다.

나도 20대 때 하드 트레이닝을 하면서 코피를 쏟은 경험이 있다. 당시 침대 위에 앉아 눈을 감고 3시간 연속 하드 트레이닝을 했는데 훈련이 마무리될 때쯤 머리가 아주 맑아지고 두뇌가 확 열리는 희열감을 느꼈다. 그런데 눈을 떠 보니 무릎 위에 얹어 두었던 쿠션에 코피가 잔뜩 흘러 있었다.

내 경험에 비추어 트레이닝 중 코피가 나는 것은 두려워할 현상이 아닌, 한 단계 업그레이드된 두뇌력을 갖게 되었기에 축하해 주고 반겨 줘야 할 일이다. 이후 교육생들을 지도할 때에도 같은 현상을 경험하는 사람이 있다면 설명과 함께 축하하고 칭찬해 주었기에 당사자들도 그러한 경험을 기쁘게 받아들였다.

보통의 학생들 같으면 통상 트레이닝 중에 코피를 흘리게 되면 호들갑을 떤다든지 조금은 수선을 부리는데 은주는 달랐다. 가방에서 조용히 휴지를 꺼내 책과 손에 묻은 피를 닦아 내고 출혈이 생긴 한쪽 콧구멍을 막고는 마치 아무 일도 일어나지 않은 것처럼 다시 칠판을 바라보고 트레이닝을 이어 갔다. 조금의 흔들림도 없는 은주의 차분한 눈빛에서 공신으로 성장할 내공을 엿볼 수 있었다.

물론 은주뿐만이 아니다. 전교에서 10등 안의 레벨에 있는 학생들은 대부분 이러한 마인드를 공통적으로 갖추고 있다. 그들은 이미 스스로 공부라는 행위, 학습이라는 행위 자체를 보람되고 아름답고 가치 있게 여기고 있기 때문이다.

자립형 사립고 2학년에 재학 중인 선수는, 성적은 전교 20등으로 경찰대학 진학이 목표였다. 선수가 털어 놓은 고민은 아무리 공부를 열심히 해도 더 이상 등수를 올리지 못하겠다는 것이었다. 아침에 일어나서 자기 전까지 무조건 공부만 하는데도 더 이상 등수가 올라가지 않는 이유는 자신보다 상위권인 학생들도 모두 일어나서 취침할 때까지 무조건 공부만 하기 때문이라고 했다. 나름 최선의 노력을 해도 더 이상 위로 치고 올라갈 수 없으며, 방법이 있다면 수면 시간을 줄이는 것밖에 없는데 5시간 수면을 4시간 30분으로 줄여 보았더니 오히려 신체 리듬이 깨져 공부에 시장이 와서 포기한 상태라고 했다.

그런데 선수가 모르는 것이 있었다. 공부라는 것, 정보의 습득과 기억된 정보의 유지라는 것은 두뇌 과학과 인지 심리학, 교육학 등과 관련 있는 공부 스킬이 필요하다. 공부의 절대 시간이 서로 같은 상황에서 등수를 올리기 위해서는 학습 효율을 높이는 방법밖에는 답이 없다.

1시간에 20단어를 외웠다면 40단어를 외우는 기억 방법을, 1시간에 한 번 읽을 분량의 책을 1시간에 두 번, 세 번 읽을 수 있는 스피드 리딩법을, 한 번 외운 내용을 일주일은 기억할 수 있는 정보 저장 연장법을 익혀야 한다. 이러한 학습 인프라의 혁신만이 원하는 만큼 상위권으로 오를 수 있는 기회를 제공한다.

우선 선수의 학습 스타일과 패턴을 분석하였다. 성향적 장단점을 파악하고, 학습의 내적·외적 방해 요인을 분석하고, 학습 효율을 높이기 위해 방학 동안 하드 트레이닝을 실시하였다.

이후 가을 학기 중간고사를 보고 난 선수로부터 기쁜 소식을 들었다.

"선생님, 저 전교 7등 했어요! 이제 경찰대 갈 수 있겠어요!"

기쁨에 들뜬 목소리가 아직도 귓가에 쟁쟁하다.

승훈이는 일반고를 다니는데 성적은 반에서 20등이었다. 중학교 때는 반에서 5등 안에 들었다는데 고등학교 1학년 성적은 영 신통치 못했다. 2학년 새 학기가 시작할 즈음 나와 만났다. 승훈이 부모님은 승훈이가 친구들과 몰래 담배를 피우다가 선생님에게 걸렸다며, 함께 어울리는 친구들이 가장 큰 걱정이라고 했다.

학습의 방해 요인은 큰 틀에서 보면 내적 방해 요인과 외적 방해 요인으로 나뉜다. 이를 분석하여 해결책을 찾는 것이 학습 컨설턴트의 최우선 과제가 된다.

승훈이의 경우는 학습 동기 부여가 우선 해결되어야 하는 내적 방해 요인으로 판단되어 이 부분을 집중적으로 컨설팅하였다. 그리고 학습 계획서를 치밀하게 구성하고 중간고사와 기말고사를 대비한 공부 스케줄까지 철저히 마련하였다.

학습 동기 부여에 대한 공식은 없다. 학생마다 성향이 다르기 때문에 동기 부여의 소재 또한 달라진다. 승훈이의 경우는 공부를 어떻게 해야 효과적인지를 모른다는 것이 학습 동기를 저해하는 주요인이었기 때문에 기억법 훈련을 통하여 암기에 자신감을 가지게 하는 것으로 충분히 학습 동기를 이끌어 낼 수 있었다.

잘 짜인 계획 하에 진행된 승훈이의 학습은 점점 성과를 나타내기 시작하여 2학년 1학기 중간고사에서 반에서 7등까지 오르는 성과를 얻었다.

어떠한 부분에서 일정 수준 이상의 성과를 내게 되면 그것을 이루었던 과정과 계획 자체가 노하우로 자리 잡게 되어 이후부터는 그 수준 이하

> **공신이 되는 과정**
>
> 첫째, 학생의 성향을 파악하라. 학생을 어떻게 지도하고, 어떤 자극을 주는 것이 학습 동기 부여를 이끌어 내는 것에 효과적인지에 대한 분석이 이루어져야 한다.
> 둘째, 내적·외적 학습 방해 요인을 분석하여 이를 시정하거나 없앤다.
> 셋째, 효과적인 과목별 공부 방법을 익히게 한다.
> 넷째, 기초 학습 인프라로서 기억법, 속독법과 같은 학습 스킬을 익히게 하여 단위 시간당 학습 효율을 높일 수 있는 능력을 갖추게 한다.
> 다섯째, 중간고사와 기말고사는 시험 과목 수부터 차이가 나기 때문에 각기 다른 시험 전략으로 대비시킨다.

의 성과를 내는 일은 거의 발생하지 않는다. 승훈이도 그러한 노하우를 갖게 되었기에 소위 말하는 자기주도 학습 방법을 습관화해서 이후 반에서 3등은 유지할 수 있게 되었다.

승훈이의 예는 설령 현재 성적이 하위권에 머무는 학생이라 할지라도 상위권으로의 도약을 포기할 필요가 없음을 증명한다.

초록 우산 어린이 재단에서 발표한 사례를 보자.

강남 초등학생 지윤이의 하루 일과

오전 7시 : 기상 및 학교 예습·복습, 등교

오후 3시 : 학교

오후 6시 : 영어학원

오후 10시 : 수학학원

새벽 2시 30분 : 숙제 및 한자, 중국어 공부. 취침

지윤이의 엄마는 강남의 열혈 엄마이다. 그래서 지윤이를 위해서라면 시간과 비용을 아낌없이 투자한다.

이런 엄마 덕분에 지윤이는 돌이 되기 전부터 가베, 프뢰벨 등 유명 교구의 영재 학습을 시작했고, 말을 제법 하게 된 5세부터 영어유치원을 다녔고, 6세부터는 중국어도 배웠다. 그 밖에 발레, 수영, 검도 등 운동을 비롯해 문화 체험 프로그램까지 어릴 때부터 했다.

그 결과 지윤이는 초등학교 6학년이 될 때까지 영재반을 놓치지 않고 있다. 초등학교에서는 영재반에 속하면 친구들 사이에서 부러움의 대상이 되고 인기 있는 교우가 된다. 지윤이는 공부를 못하는 아이는 따돌림 대상이 되기 때문에 다른 아이들보다 더욱 열심히 공부하는 것이 스스로에게도 당연시되어 하루 5시간도 안 되는 수면 시간을 정해 준 엄마의 열혈 교육이 싫지만은 않다.

교육 시민 단체인 '사교육 걱정 없는 세상'의 보고서를 보자.

서울 경기 지역 학부모 7,628명을 대상으로 설문 조사한 결과 만 3세에 영어교육을 시작하는 경우가 10년 사이에 11배로 증가했다. 사립초등학교의 학생 5,416명을 대상으로 한

조사에서는 36.9%가 5세부터 초등학교 입학 전에 영어 사교육을 시작했고, 그 이전인 4세에 시작한다는 답변은 15.4%에 이르렀다. 초등학교 입학 후 시작한다는 답변은 10.4%에 불과했다.

한 가정 한 사녀가 대세인 오늘날, 자녀를 두고 벌이는 부모들 간의 경쟁은 점점 가열되어 영어·수학은 조기교육의 기본이 되었고, 중국어 등 제2외국어와 독서·스포츠 등 전 방위로 확산되고 있다. 또한 한자 자격시험은 '초등학교 졸업 시험'으로 불리는 상황이 되었다.

대뇌 생리학의 관점에서는 유아기의 외국어 조기 교육은 아이들 두뇌 회로에 과부하를 걸리게 하여 회복 불가능한 신경망 손상을 가져 올 수 있기 때문에 올바른 교육이 아니라고 본다. 그럼에도 불구하고 부모들의 욕심은 아이들을 유아기 때부터 외국어 조기 교육의 시장에 밀어 넣고 있다.

지윤이의 경우는 본인이 공부를 하고자 하는 욕구가 강해서 초등학생인데도 날마다 이어지는 강행군을 그나마 능동적으로 소화해 내고 있다. 이 경우 지윤이 엄마의 지원은 열혈 엄마라는 평가를 받는다. 그러나 공부에 흥미가 떨어지는 자녀를 이런 스케줄로 이끈다면 그것은 단지 극성 엄마의 시류 편승에 지나지 않는다.

비록 열혈 교육, 극성 교육이 명예를 사랑하고, 능력을 사랑하고, 인정받는 것을 사랑하고, 내 아이가 더 많이 얻기를 바라는 부모들의 바람 때문이라 할지라도 한 가지 분명히 해야 할 것이 있다. 아이들에게 공부 외의 추억을 만들 시간을 주어야 한다는 것이다. 아이들은 그런 시간을 통해 자신이 무엇을 할 때 진정으로 즐겁고 행복한지를 알 수 있게 된다. 또한 자신을 사랑하는 법을 배우게 된다.

자신을 사랑한다는 것은 자존감을 형성한다는 것과 같은 의미이다. 자존감이 낮은 사람은 작은 구슬과 같아서 삶이라는 여정을 굴러가다가 얕은 고난의 홈이라도 만나면 그곳에 걸리어 멈추어 버린다. 하지만 자존감이 높은 사람은 큰 굴렁쇠와 같아서 제법 큰 실패와 시련의 구덩이를 만나더라도 잠깐의 멈춤은 있을지언정 결국은 그것을 건너 넘을 수 있다.

아이들은 경쟁에서 승리하는 법도 배워야 하지만 실패와 좌절을 딛고 일어서는 법도 배워야 한다. 그러기 위해서 부모는 꽉 짜인 아이의 일과표 속에 빈 공간을 만들어 주는 지혜가 필요하다.

이 책에서는 크게 2가지를 다루었다.

하나는 바른 독서 능력의 배양이다. 같은 시간에 1번 독서를 하는 것과 3번 독서를 하는 것은 단순히 생각하면 3배 차이가 나지만 학습 효율에서는 5배 이상의 차이가 난다. 시험 범위를 10번 이상 읽으면 시험 문제를 접했을 때 교과서 페이지가 그대로 눈앞에 떠오르는 경험을 하게 되는 것이 이를 반증한다. 즉 다독의 학습 효과는 통상 읽는 회수 곱하기 2보다 크게 나타난다.

또 하나는 초집중력 상태에서 학습이 가능하도록 능력을 배양하고 트레이닝하는 방법이다. 뇌 과학과 대뇌 생리학, 인지 심리학의 이론을 근간으로 정립된 학습에 최적화된 두뇌와 심리 상태를 만드는 방법을 제시했다.

단위 시간당 3배 향상된 속독력과 초집중력이 만나면 어떻게 될까? 그 상태는 그야말로 '미친 집중력' 상태라고 할 수 있다. 베토벤이 귀머거리가 된 상태에서 인류 최고의 교향곡인 '합창'을 완성해 내고, 헬렌 켈러가 어린 시절부터 시각과 청각을 모두 잃고도 20세에 장애인 최초로 래드클리프 대학에 입학하고 장애인 인권을 위해 평생을 바칠 수 있었던 것은 남다른 집중력, 즉 미친 집중력을 발휘했기에 가능했다.

현대 사회에서는 공부를 비롯하여 무슨 일을 하든지 간에 미친 집중력을 갖지 않고서는 성공하기 어렵다. 미친 집중력의 소유자가 되고 싶은가? 그럼 우선하여 속독력부터 갖추도록 하자. 속독력은 미친 집중력을 기르는 시작점이 될 수 있다.

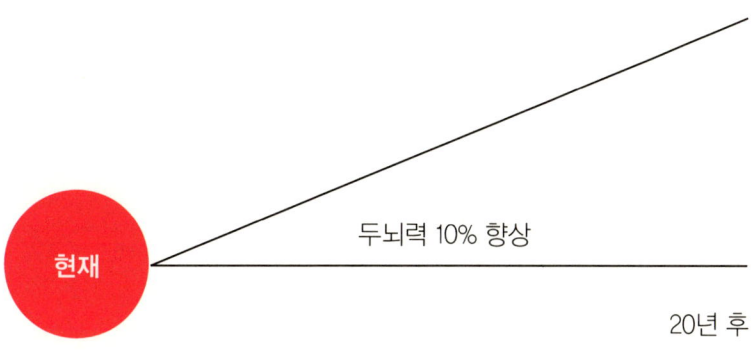

차례

프롤로그·4

1장 스피드 리딩으로 독서 능력을 향상시켜라

01 속독은 독서 능력을 향상시키는 지름길이다 • 21
　수능 언어 능력(국어) 시험에서 요구하는 독서 능력·21
　초·중·고등학생과 일반인의 평균 독서 능력·23
　바른 읽기 능력이란·23

02 습관화된 읽기 속도를 넘어서야 한다 • 25
　독서 방해 요인만 제거해도 OK·25
　주어-목적어-서술어의 중요성·27

03 속독에 대한 일반인들의 오해 • 28
　성취 가능한 목표로 속독 훈련을 해야 한다·28
　속독 훈련으로 달성할 수 있는 기대치·31
　1회 독서의 최대 이해도는 70%이다·32
　■속독의 피해 - 이럴 때는 정독이 우선이다·34

04 독시 속도를 향상시키는 방법 • 35
　의미 단위 읽기를 습관화하라·35
　재미있는 것부터 읽어라·38
　전체 줄거리를 파악하고 독서를 시작하라·40
　한 단계 수준 높은 책을 읽어라·41
　■독서 능력 향상과 학습 능률 향상에서 피보나치수열의 법칙·42

2장 바른 읽기 교육 - 분당 2,000자 읽기

01 속독 교육의 변천사 • 49
　미국 및 영어권의 스피드 리딩 교육 · 49
　우리나라의 속독 교육 · 56

02 속독 트레이닝 프로그램 • 59
　안구 속독법 · 59
　두뇌 속독법 · 63

03 두뇌력을 키워라 • 67
　빠르게 말하면 책 읽는 속도도 빨라진다 · 67
　한 번에 볼 수 있는 단어의 개수를 늘려라 · 70
　펜을 이용한 등속도 읽기의 효과 · 71
　■ 음독의 여러 유형 · 73

04 두뇌를 가속화하라 • 76
　두뇌 가속화 이론 · 76
　두뇌 모방 이론 · 78
　두뇌 도미넌트 현상 · 79

05 스피드 리딩과 심리적 요인 • 81
　피그말리온 이펙트 · 81
　자기 효능감 · 84

06 속청 훈련으로 전두엽을 활성화시켜라 • 87
　속청 훈련을 하면 두뇌 회전이 빨라진다 · 87
　속청 교육에 도움이 되는 재생 속도 조절 소프트웨어 · 90

3장 속독 트레이닝 – PLM 집중 속독법

01 안구 속독 + 두뇌 속독 • 97
　속독법 훈련 과정 · 97
　독서 방해 요인을 없애라 · 101

02 안구 속독 훈련 프로그램 • 107
　안구 활성화 훈련 · 107
　독서 시야 확대 훈련 · 116
　한쪽 페이지 훈련 · 122
　양쪽 페이지 훈련 · 124
　두 줄 한쪽 페이지 훈련 · 132
　■ 속독 훈련 기호표 & 응시 훈련 방법 · 134

03 두뇌 속독 훈련 프로그램 • 136
　페이지 메이킹 훈련 · 137
　순간 이미지화 훈련 · 140
　인지능력 확대를 위한 만화책 보기 훈련 · 145
　펜을 사용한 가속 훈련 · 148
　다단 보기 훈련 · 152
　자유 도서 읽기 훈련 · 157
　30권 독파 훈련(새로운 도전) · 160
　전자책 어플리케이션을 이용한 속독 훈련 · 162
　PC 프로그램 '어도비 리더'를 이용한 속독 훈련 · 164

4장 초집중력을 키우는 트레이닝

01 초집중 메커니즘 • 169
　초집중이란? · 169
　학습 호르몬, 베타 엔도르핀 · 172
　기적의 뇌파, 미드 알파파 · 175

02 IQ보다 더 학업 성취와 연관 있는 3대 요인 • 181
　학생의 자존감 · 182
　학업적 자기 효능감 · 183
　주의 집중력 · 184

03 집중력 트레이닝 프로그램 • 186
　주제 명상 훈련 · 187
　집중표 응시 훈련 · 187
　이미지화 훈련 · 188
　듣기 훈련 · 189
　숫자 훈련 · 189
　잔상 훈련 · 189
　■ 집중력 프로그램과 성적 향상의 관계 · 191

04 학습 잠재기를 지나면 실력이 향상된다 • 193
　자신의 학습 잠재기를 파악하라 · 193
　두뇌 트레이닝은 학습 잠재기를 단축시킨다 · 195

05 집중력에 영향을 끼치는 요소들 • 197
　미네랄이 부족하면 집중력이 떨어진다 · 197
　잠재의식을 개발시켜라 · 200
　집중력 향상 암시법, 엘먼 인덕션 · 203
　■ 집중력 향상을 위한 취면 암시문 · 210

06 수학에서 재미와 흥미를 일깨워라 • 216
    덧셈 구구단 · 216
    곱셈 속셈법 · 221

07 통합 사고력과 고도 발상력을 키워라 • 225
    멘사 퀴즈 풀기 · 225
    두뇌력 향상용 IQ 테스트 유형 · 227

08 순간 집중력을 향상시켜라 • 233
    문장 거꾸로 외우기 · 233

09 좌우뇌 통합사고력, 논리적 추론 능력을 키워라 • 236
    눈 감고 양손으로 하노이 탑 옮기기 · 236

부록 뇌과학 기초, 재미있는 뇌 이야기 • 243

에필로그 · 274
감사의 글 · 276
참고 문헌 · 277

1장

스피드 리딩으로 독서 능력을 향상시켜라

01

속독은 독서 능력을 향상시키는 지름길이다

수능 언어 능력(국어) 시험에서 요구하는 독서 능력

    수능 언어 영역의 기출 문제를 분석해 보자. 시험 시간은 80분이 주어지며 이 80분 내에 읽어야 하는 지문의 글자 수는 3만 자 내외이다. 3만 자를 80분으로 나누면 분당 375자를 읽어 내야 시간 내에 지문을 완독할 수 있다.

    그런데 통상 언어 영역은 한 문항당 1분의 시간을 문제 푸는 데 할애하게 되어 있으므로 이를 감안한다면 결국 시험 시간 중 50분은 문제를 푸는 데 쓰이고 읽기에 할애하는 시간은 30분으로 줄어든다.

즉 3만 자의 지문을 30분에 읽어야 시간 내에 시험을 완료할 수 있게 되는 것이다. 계산해 보면, 언어 능력 시험은 분당 1,000자 내외의 읽기 능력을 요구한다. 만약 검수하는 시간까지 감안한다면 분당 읽어야 하는 글자 수는 1,200자에 이른다.

초등학교부터 영어와 수학의 선행 학습이 중심이 된 교육 환경에서 악기 배우랴, 거기다 운동까지 더해져서 책을 좋아하는 아이라도 충분한 독서량은 채우지 못하고 있다. 학교에서 운영하는 한 주에 한 권 읽기 독서 프로그램이라도 참여하고 있다면 다행인 상황이다. 가끔 방송에서 독서량이 무척 많은 우등생이 나오기는 하지만 우리 주변에서 흔히 보기는 어려운 실정이다.

언신(언어영역의 신)이라 불리는 대학생들의 이야기도 한결 같은데 많은 독서량으로 독서력을 키운 예는 별로 없다. 중·고등학교 때는 학원에 다니거나 과외를 받으며 한 학기에 두 번씩 있는 시험을 준비해야 해서 쉴 틈 없이 바쁘기 때문에 여건상 다독을 통하여 독서력이 향상되기를 기대하는 것은 사실상 어렵다.

독서력이라고 하는 것은 짧은 시간에 보다 많은 분량을 읽고, 내용을 인지하고 기억하는 것을 말한다. 이를 위해서는 읽기 속도의 향상을 위한 트레이닝이 필수적으로 요구된다. 물론 다독을 하던 중에 스스로 속독 기법을 깨우치게 되는 경우도 있지만 흔하지 않기 때문에 대부분은 어릴 때부터 습관이 되어 버린 그대로의 읽기 속도를 유지한다.

초·중·고등학생과 일반인의 평균 독서 능력

고학년으로 갈수록 독서 속도가 점점 상승 곡선을 그릴 것이라고 생각하기 쉽지만 사실은 그렇지 않다. 초등학생은 분당 250자에서 300자 정도로 글을 읽는다. 중학생이 되면 평균 500자 정도를 읽는다. 그런데 고등학생이 되면 읽기 속도가 다시 350자 정도로 떨어진다. 고등학생은 내신을 위한 학과 공부에 시달리다 보니 독서 시간은 오히려 줄어들게 되어 읽기 속도가 다시 느려지게 되는 것이다.

대학생 이상의 일반인에게서는 독서량이 충분할 경우는 평균 읽는 속도가 분당 800자에 이르는데 이마저도 수능에서 요구하는 속도인 분당 약 1,200자에는 미치지 못한다. 이것이 읽기 교육의 현주소이다.

바른 읽기 능력이란

수능에서 요구하는 분당 약 1,200자의 속도라 할지라도 아직은 바른 읽기 능력의 범주에는 미치지 못한다. 바른 읽기 능력을 가졌다고 평가받기 위해서는 최소 분당 2,400자는 읽어 낼 수 있어야 한다. 그 근거는 다음과 같다.

과거 제1, 2차 세계대전을 거치면서 전투기의 역할이 크게 증대되었다. 그와 함께 조종사의 피아 식별 능력이 중요해졌다. 시야로 적기와 아군기를 구분해야 하고, 적기를 먼저 식별하고 공격하는 쪽이 공중전에서 우위를 점할 수 있었다. 이에 미국에서는 조종사의 피아 식별 능력을 향상시키기 위해 슬라이드를 이용한 훈련을 도입했다. 처음에는 느린 템포에 맞추어 사진이 넘어가지만 훈련받는 조종사가 해당 속도에 익숙해지면 슬라이드가 넘어가는 속도를 빠르게 하는 식의 훈련이었다. 이를 통해 1초당 40대의 비행기를 한 번에 보고 식별할 수 있으며, 1분당 최고 2,400대의 비행기를 보면서도 전투기의 피아 식별이 가능한 것이 밝혀졌다.

이러한 사실을 근거로 인간의 시신경은 분당 2,400자의 글자를 읽어낼 수 있을 것이라고 가정하게 되었고, 차후 속독 트레이닝에 관한 여러 연구에서도 이 정도 속도가 평균적인 성취 수준으로 측정이 되었다. 이에 따라 이를 보편적·통상적 수준의 읽기 속도, 즉 바른 읽기 속도로 간주하게 된 것이다.

1초 30자 × 60초 = 1,800자
1초 40자 × 60초 = 2,400자

쉽게 예를 들면, 사진을 찍는다는 생각으로 1초 동안 주위를 둘러 본 후 눈을 감고 본 것을 떠올려 보면 된다. 의외로 많은 사물을 한꺼번에 인지하고 있음을 알 수 있다.

02

습관화된 읽기 속도를 넘어서야 한다

독서 방해 요인만 제거해도 OK

초등학생은 분당 약 300자, 중학생은 분당 약 500자, 고등학생은 분당 약 350자의 읽기 속도가 나온다는 것은 과연 무엇에 영향을 받은 것일까. 그것은 라디오나 TV 등의 매체와 관련이 깊다.

TV 뉴스에서 듣는 앵커들의 브리핑이 약 300자의 속도이다. 이 속도가 의미 전달에 가장 적합한 빠르기라고 알려져 있기 때문에 그 기준으로 하는 것이다. 즉 학생들의 읽기 속도가 평균 300자인 까닭은 주위에서 가장 많이 들어 온 속도가 분당 300자이기 때문이다. 그 속도가 자신도 모르게 체화되어 본인이 책을 읽을 때의 속도도 300자 정도로 맞추게 된 것이다.

나쁜 읽기가 습관화되면 고치는 데에 상당 기간의 훈련이 요구된다. 그 동안 독서를 방해하는 다른 버릇들이 같이 습관화되었을 것이기에 이를 시정하는 훈련노 요구된다. 녹서에 나쁜 영향을 주는 습관을 '독서 방해 요인'이라 하는데, 다음과 같은 것이 있다.

1. 한 글자씩 또박또박 읽는다.
2. 한 낱말씩 끊어 읽는다.
3. 글줄을 따라 고개를 움직인다.
4. 소리를 내며 읽는다.
5. 글을 읽는 동안 딴 생각을 한다.
6. 이미 읽은 부분을 되돌아가서 읽는다.
7. 손가락으로 문장을 짚으며 읽는다.
8. 읽으면서 혀를 움직인다.
9. 글 읽기 외에 다른 행동을 한다.
10. 읽는 내용을 머릿속으로 상상하지 않는다.

이 10가지가 독서를 방해하는 대표적인 현상이다. 이것들이 습관화된 가장 큰 이유는 느린 속도의 책 읽기 때문이다. 느린 속도는 책 읽는 중에 딴 짓이나 딴 생각을 할 수 있을 만큼 두뇌에 여력을 남긴다. 만약 바른 읽기 속도라고 정한 분당 2,400자로 지나가는 글을 읽게 한다면 글을 읽어 내기만도 벅차기 때문에 독서 방해 요인에 속하는 행위는 할 수조차 없게 된다.

안타깝게도 일선 학교에서는 초등학교 저학년 국어 시간에 연습하는 '또박또박 읽는 교육' 이외에 별다른 독서 속도 향상에 관한 교육을 행하지 않기 때문에 고학년이 되어도 읽기 속도는 그다지 빨라지지 않고 정체된다.

주어-목적어-서술어의 중요성

습관화된 읽기 속도를 넘어서기 위해 속도를 올려 문장을 읽는 가속화 훈련을 하다 보면 빠르게 스쳐 지나가는 문장에서 무엇을 잡아내야 할지 막막할 수 있다. 이때는 문장에서 중요하다고 생각되는 부분에 정신을 집중하고 읽는 훈련을 해야 하는데 이렇게 하면 중요성이 덜한 문장은 대충 훑어 읽어도 문장의 의미를 이해하는 데는 크게 지장이 없다. 글은 주어와 서술어 등 여러 가지 성분으로 이루어져 있지만 그 가운데 가장 비중 있는 주어 또는 목적어와 서술어의 의미만 정확히 파악하면 나머지 부분은 대충 봐도 뜻을 이해할 수 있다.

03

성취 가능한 목표로 속독 훈련을 해야 한다

앞서 바른 읽기 속도인 분당 2,400자의 근거로 조종사의 피아 식별 훈련에 대해 이야기했다. 그런데 유사한 실험에서 결과가 전혀 다르게 도출된 적이 있다.

미국의 심리학자인 밀러는 60명의 집단을 대상으로 사물에 대한 순간 확인 최단 시간과 동 시간에 인지할 수 있는 사물의 개수가 얼마나 되는지를 알아보는 실험을 하였다. 이 실험의 결과에 의하면 사람이 사물을 인지할 수 있는 최단 시간은 0.005초까지이며, 동시에 인지할 수 있는 사물의 개수는 5가지에서 최대 9가지로 측정되었다.

이를 근거로 계산하면 동시에 보는 사물의 개수가 1개일 때는 1초당 200개를 볼 수 있고, 1분이면 12,000개의 사물을 보고 인지할 수 있다. 동시에 보는 사물의 개수를 5개로 잡으면 1분당 인지할 수 있는 사물의 개수는 60,000개로 늘어나게 되는데, 일부 속독계에서는 이 연구를 이론적 기반으로 하여 분당 읽는 글자 수 또한 60,000자에 이를 수 있을 것이라는 주장을 펼치고 있다.

그런데 여기서 속독에 대한 일반인들의 오해가 시작된다.

물론 아주 가끔은 경이적인 속도로 독서를 하는 사람이 매스컴에 소개되기도 하고, 기네스북에도 1분 동안 8만 단어를 읽는 마리아 테레사 칼데론이라는 사람이 최고의 속독가로 이름을 올리고 있기도 하다. 그 전 기록 보유자는 1분 동안 2만 5,000단어를 읽는 하워드 S.버그라는 사람이었다. 그런데 이 정도의 독서력은 서번트 신드롬의 주인공에 버금가는 혜택 받은 능력이라고 이해하는 것이 타당하지, 속독 훈련만 하면 누구든지 어마어마한 독서력의 주인공이 될 수 있다고 기대한다면 한 마디로 어불성설이다.

영문의 읽기 속도는 wpm으로 표기를 한다. 이는 철자의 수가 아니다. 분당 읽는 단어의 수이다. 현재 기네스북 속독 기록 보유자인 마리아 테레서 칼데론은 분당 8만 단어를 읽는데, 분당 8만 단어라면 상상을 초월하는 능력임에 분명하다. 미국의 연구 자료를 보면, 800~1,000wpm의 읽기 능력을 가진 이들을 상위 0.1%로 보고 있으며, 1,000wpm을 초과하는

1990년 기네스북 속독 기록 보유자.
하워드 S. 버그.

현재 기네스북 속독 기록 보유자.
마리아 테레사 칼데론.

읽기 능력을 가진 사람은 상위 0.01%에 해당한다고 나와 있다.

속독은 분당 몇 만 자를 읽어 내는 것이라고 목청 높여 광고하는 일부 속독 교육 업체의 말대로라면, 피겨를 배우면 누구나 김연아가 될 수 있고, 수영을 배우면 누구나 박태환이 될 수 있다고 떠들어 대는 것과 다름이 없다.

나수 일반인을 대상으로 하는 트레이닝이라면 훈련 결과에 보편성이 부여되어야 하고 그 결과치를 내세워야 한다. 100명이 같은 훈련 과정을 거쳤다면 95명 이상은 해당 목표치에 이를 수 있어야 한다. 그리고 그 수준을 보편성 있는, 성취 가능한 목표로서 제시하는 것이 바람직하다.

속독 훈련으로 달성할 수 있는 기대치

국내 안구 속독의 창시자인 서원대학교 박화엽 교수의 연구를 보자.

집중 독서 능력의 훈련 전, 훈련 중, 훈련 후 상호 비교

		훈련 전 검사 T1	훈련 중 검사 T2	훈련 후 검사 T3
참여 사례 수(N)		30	26	32
측정 시간(분)		30	30	45
독파 전체 쪽	M	32.53	93.00	184.13
	SD	14.90	37.47	46.17
쪽/분	M	1.08	3.10	4.09
	SD	.50	1.25	1.03
글자 수/분	M	650.67	1860.00	2455.00
	SD	298.03	749.34	615.59

위 연구는 대학생 30명을 대상으로 15주간 40시간의 교육 시간으로 행해졌다. 결과를 보면 훈련 전 분당 읽는 글자 수의 평균은 650자였고, 훈련 중간 검사에서는 평균 1,860자로 향상되었으며, 훈련 종료 후 검사에서는 평균 2,455자를 읽을 수 있는 것으로 측정되었다.

안구 행동과 독서 능력의 변화

		안구 행동		독서 능력		의의도	
		훈련 전	훈련 후	훈련 전	훈련 후	안구 행동	독서 능력
집단 A (N=33)	M	445.64	748.58	754.88	1490.55	t=5.59	t=11.03
	SD	112.12	289.90	221.03	420.85	P<.001	P<.001
집단 B (N=34)	M	453.09	1134.38	747.32	2648.24	t=14.31	t=15.27
	SD	426.08	229.40	629.56	770.32	P<.001	P<.001

위 연구는 대학생 67명을 대상으로 집단 A는 6주간, 집단 B는 12주간 실시했으며 안구 행동의 발달과 독서 능력 향상의 상관관계를 연구하였다. 집단 A는 훈련 전 평균 754자를 읽었고, 6주의 훈련 종료 후에는 평균 1,490자를 읽을 수 있게 되었다. 집단 B는 훈련 전 평균 747자를 읽었고, 12주의 훈련 종료 후에는 평균 2,648를 읽을 수 있게 되었다.

일단 마법 같은 속독에 대한 기대는 접어 두고 보편성을 기준으로 속독에 대해 정리한다면 앞서 언급했던 1분당 2,400자가 대부분의 일반인이 달성할 수 있는 기대 목표치라고 보는 것이 타당하다. 이것이 속독에 대한 과신과 오해를 불식시키고 바른 이해를 구하는 단초가 될 것이다.

1회 독서의 최대 이해도는 70%이다

책을 한 번 읽고 모든 것을 다 기억할 수는 없다. 특정 정보나 주제가 아닌 부분까지 다 기억해야 한다면 그것은 공부를 하자는 것이지 독서를 하자는 것이 아니기 때문이다.

많은 사람이 『어린 왕자』를 읽어 보았을 것이다. 어린 왕자가 비행사와 만나고 마지막 밤을 보낸 무대가 된 사막의 이름은 무엇이었을까? 어린 왕자가 살던 별의 이름은 무엇이었을까? 아마도 정확히 기억하는 사람은 거의 없을 것이다. 『어린 왕자』라는 책에 등장하는 주요 무대는 기억하지 못하지만 책을 읽으면서 느꼈던 감동과, 모자 모양 그림의 보아뱀과 뱃속의 코끼리는 여전히 기억 속에 남아 있다.

그런데 성향상 완벽한 독서를 해야 한다고 생각하는 사람이 의외로 많다. 책을 읽다가 앞의 내용이 생각나지 않으면 책장을 앞으로 넘겨 꼭 확인한다. 그렇게 하지 않으면 잘못된 독서를 하고 있다고 생각하기 때문이다. 그들은 다른 사람들은 책을 읽을 때 앞의 내용을 다 기억하는 것으로 잘못 알고 있다. 이 경우, 열심히 읽는다고 해도 책 한 권을 읽는 데 며칠씩 걸린다. 책 읽는 것이 노동이다.

이런 잘못된 읽기의 교정을 위해서 분명히 정해 두어야 하는 것이 70%의 법칙이다. 일반적으로 1회의 독서에서 기대할 수 있는 최대 이해치는 70%에 불과하다는 것이다. 텍스트를 한 번 읽고 10가지 질문에 7가지만 답할 수 있다면 상위 클래스의 이해도를 가지고 독서를 하고 있는 것이다. 또한 우리 두뇌는 되돌이 독서를 하며 며칠이 걸려 한 번 읽는 것보다 몇 번을 반복해서 많이 읽는 편이 훨씬 더 많은 내용을 정확하게 기억할 수 있는 구조로 되어 있다.

 ## 속독의 피해—이럴 때는 정독이 우선이다

한 문장을 쓰기 위해 작가들은 고심을 거듭하고, 적절한 단어를 찾기 위해 몇 개의 단어를 두고 한참을 곱씹는다. 인고의 시간 뒤에 초고를 마련하고 수정에 수정을 거쳐 탈고에 이른다.

작가로서는 그렇게 세상 빛을 본 책을, 속독으로 한두 시간 만에 읽고는 읽은 도서 목록에 추가하는 것이 떨떠름하고 씁쓸한 일이다. 확실히 속독으로 문장 속에 숨겨진 사상과 정서까지 파악하기는 힘들다.

속독으로 인한 첫 번째 피해는 겉핥기식 독서이다. 속독을 익히는 과정에는 현재의 읽기 속도만 넘어서기 위해 일단 이해도는 무시하고 눈으로 보는 속도만 우선시하는 부분이 있다. 이 훈련을 하면 마치 브레이크 사용법은 익히지 않고 엑셀만 밟고 운전을 하는 것처럼 그저 문장을 쭉 훑어 나가는 기술은 어느 정도 몸에 익게 된다. 문제는 아직까지 이해도는 기대할 수 없는 상태라는 것이다. 이때쯤이면 겉핥기식 독서를 할 수밖에 없는데, 이해도는 무시한 채 보는 속도만 빨라진 것을 자칫 읽기 능력이 향상된 것으로 착각할 수 있는 시기여서 속독의 피해 현상이 가장 크게 나타난다.

이해도와 속도가 균형을 이루지 못한 읽기를 지속하는 것은 올바르지 않다. 따라서 이 단계에서는 속독 훈련 프로그램으로 짜인 하루 30분의 스피드 리딩(가속 훈련)을 제외하고는 정독을 우선시하여 독서에 임하는 것이 좋다.

또한 이야기의 프레임이 파악이 되지 않은 상태에서의 읽기, 또는 모르는 단어가 많이 등장하는 도서, 즉 배경 지식(스키마)이 도서의 내용을 소화하지 못할 경우에는 속독으로서의 독서는 하지 않는 것이 좋다.

04

의미 단위 읽기를 습관화하라

독서 방해 요인 10가지 중에서 많은 요인이 의미 단위 읽기의 훈련을 통해서 쉽게 극복될 수 있기에 우선하여 소개한다. 다음의 글을 보자.

"말소리는 생존에 필수적인 여러 신체 기관의 협력 작용에 의해 만들어진다. 입 안의 여러 기관과 코·후두·기관(氣管)·허파 등이 그것들인데, 이 중 후두는 발성 작용과 관련하여 특히 주목할 만하다. 후두의 일차적 기능은 공기 외의 이물질이 기도로 넘어가는 것을 막는 일이기 때문에 목구멍 정도의 높이에 있는 것이 가장 효율적이다. 그런데 인간의 후두는 갓난아이 시기에는 목구멍과 비슷한 높이에 있다가, 자라면서 서서히 하강하여 더 아래쪽에 자리 잡는다. 흥미로운 사실은, 같은 영장류인 침팬지나 오랑우탄의 후두는 목구멍 정도의 높이에 있다는 점이다."

초등학교 저학년 국어 시간에 연습하는 읽기는 다음과 같이 또박또박 한 글자씩 읽기였다.

말 소 리 는 생 존 에 필 수 적 인 여 러 신 체 기 관 의 협 력 작 용 에 의 해 만 들 어 진 다 .

한 글자 한 글자에 악센트를 주어서 읽게 되는데 이것이 잘못된 읽기 교육의 시작이었다. '하늘 천, 땅 지, 검을 현, 누를 황'을 공부해야 했던 옛날이야 음과 훈을 확실히 해야 했기에 또박또박 읊조리며 공부해야 했지만 한글은 조성 체계부터 한자와 다르기에 국어 문장을 한 글자씩 또박또박 읽힐 필요는 없었다.

물론 초등학교 저학년을 지나고 나서는 이렇게 한 글자씩 읽는 사람은 없지만 한 단어씩 띄어 읽는 습관을 벗어 던지지 못한 사람은 심심치 않게 볼 수 있다.

말소리는 / 생존에 / 필수적인 / 여러 / 신체 / 기관의 / 협력 / 작용에

/ 의해 / 만들어진다.

　이런 식으로 한 단어씩 띄어 읽는 것인데 본인이 이를 의식하지 못하는 이유는 단어와 단어 사이에 끊는 시간을 매우 짧게 하기 때문이다. 그렇다 하더라도 의미의 단위는 한 단어밖에 안 된다.
　속독 훈련을 하지 않은 경우라도 통상 한 번 시선을 주면 3~4단어를 인지하는 것은 어렵지 않은데, 이렇게 의미 단위를 확장해 보면 다음과 같이 읽을 수 있다.

　말소리는 / 생존에 필수적인 / 여러 신체 기관의 / 협력 작용에 의해 / 만들어진다.

　이것은 겨우 최소의 의미 단위로 끊은 것이어서 보다 확장시킬 필요가 있다. 즉 문장을 구성하는 성분 중에 중에서 가장 중요한 '주어+목적어, 체언+용언'을 하나의 의미 단위로 묶고 이후에 부연 설명에 해당하는 문장의 요소들을 하나의 의미 단위로 묶어 주는 것이다. 다음과 같다.

　말소리는 / 생존에 필수적인 / 여러 신체 기관의 협력 작용에 의해 만들어진다.

　이렇게 의미 단위의 확장이 중요한 이유는 의미 단위의 묶음이 커질수록 문장의 이해도가 증가한다는 사실도 있지만 한 문장을 읽을 때 눈이 한 번 멈추는 데 걸리는 시간인 0.2초(통상 한 문장을 읽을 때 4번 정도 안구의 멈춤 현상이 발생한다.)를 줄여 읽기 속도를 향상시킨다는 의미가 있다.

재미있는 것부터 읽어라

TV 리모컨만 누르면 흥미 있고 신나는 프로그램이 널려 있고, 꼭 보고 싶은 프로그램은 유튜브에서 검색만 하면 다 나오는 요즘, 아이들에게 책 읽기는 무척 지루하고 힘든 일임에 틀림없다. 그렇기에 독서 습관을 키우는 것은 그만큼 더 어려워지고 있으며 재미에 훈훈함에 감동에 학습 효과까지 갖추고 있는 도서를 찾는 것은 더욱 어렵다.

독서 능력 향상은 문자와 친해지는 것이 시작이므로 단지 재미만 염두에 두고 책을 골라 주는 것도 그렇게 나쁘지 않다. 그래서 독서 습관 들이기의 시작은 만화 형식의 동화를 읽게 하면 좋다. 만화책에 대한 고정관념을 버리고 재미있는 학습 만화부터 다량으로 읽히면 실보다는 득이 훨씬 크다. 만화책의 경우 말풍선 하나에 들어가는 단어 수가 제한적이므로 읽기 속도를 올리는 훈련 도구로서의 가치가 충분하다.

이때 학부모는 자녀가 읽은 내용에 대해 질문하는 것에는 관심을 접어두고 한 권의 학습 만화를 반복해서 읽게 하되 읽는 시간을 점점 단축시켜 나갈 수 있게 체크해 주는 것이 오히려 중요하다.

자녀가 동화 만화나 학습 만화를 통해 충분히 문자에 익숙해졌다면 그림이 없는 도서로 진행하는데, 이때도 독서 속도 향상을 위해서 재미있는 책을 많이 읽히는 것이 효과적이다. 예를 들어 판타지 소설도 좋고 무협지도 좋다. 흥미와 재미만 담겨 있다고 해도 그러한 책의 구성은 대부분 흐름이라는 것이 대동소이하므로 앞으로 전개될 내용에 대한 추측이 어렵지 않기 때문에 책이 줄줄 잘 읽힌다.

관건은 다독과 속도이다. 재미만 갖춘 책일지언정 시각 중추가 문자에 익숙해지게 하고 문자에 담겨 있는, 즉 문자가 묘사하는 표현을 이미지화하는 트레이닝을 충분히 할 수 있다면 우선의 목표는 이룬 것이다.

주위에 남들보다 유독 독서를 빨리 하는 성인 남성이 있다면 물어보라. 십중팔구는 한때나마 무협지에 빠져 지낸 경험이 있을 것이다. 책을 통해 아이에게 수준 높은 교육 효과를 얻게 해 줄 수 있는가에 대한 기대는 우선순위가 아니다. 독서는 재미가 우선이다.

자세한 내용은 나중에 설명하겠지만, 두뇌가 재미를 느낄 때는 도파민 또는 엔도르핀이라는 호르몬을 분비하는데 이 호르몬들은 뇌 신경망에 직접 작용하여 새로운 기능이나 기술을 습득하는 데 도움을 준다.

따라서 재미나 흥미를 느끼지 못하는 독서는 일단 두뇌가 '아, 됐습니다.'라는 거부 의사를 표현하는 것으로 이해해도 된다.

전체 줄거리를 파악하고 독서를 시작하라

독서 속도를 향상시키고자 하다면 책을 읽히기 전에 내용의 흐름을 간략하게라도 알려 주는 것이 좋다. 주인공, 등장인물의 이름과 주인공과의 관계 등 인물들 간에 발생하는 사건들을 대략 알고 독서를 하면 내용에 내한 집중도와 독서 속도를 동시에 향상시킬 수 있다. 초등학생이든 성인이든 나이를 불문하고 독서가 끝난 뒤에 줄거리는 상세히 기억하지만 주인공 이름을 기억하지 못하는 경우를 종종 볼 수 있는데 이럴 때 처방으로 썼던 방법 중 가장 효과가 좋았다.

가능하면 책을 읽고 난 후에 독후감은 요구하지 않는 것이 좋다. 독서라는 행동에 의무를 지우는 것은 즐거워야 할 독서를 방해한다. 가벼운 마음으로 책장을 넘길 수 있는 여건이 중요하다. 아이가 책을 제대로 읽었는지 궁금하다면 등장인물에 대해서만 물어 보도록 하자.

"책 주인공이 누구였어? 어떤 사람이었어?"

이 질문만으로도 아이는 이야기보따리를 술술 풀어 놓는다.

책을 읽기 전에 다음과 같은 말을 미리 해 두는 것도 좋다.

"책 내용이 재미있으면 나중에 이야기해 주렴."

이 한 마디는 암시의 효과를 발휘하여 두뇌 회로에 독서를 시작한다는 '출발' 신호로 작용하며, 책을 읽을 때 아이들이 더욱 깊게 내용에 빠져들 수 있게 만든다.

한 단계 수준 높은 책을 읽어라

학부모와 상담을 하다 보면 출판사에서 정해 놓은 나이별 수준에 맞추어 책을 읽히는 경우가 대부분인데, 아이의 상황에 따라서는 굳이 맞추지 않는 게 좋다.

독서 수준에 맞춘다는 의미는 문장을 구성하는 단어 중에 모르는 단어의 출현 횟수와 관계가 있다. 모르는 단어가 없다면 수준이 맞거나 수준이 낮은 것이고, 모르는 단어가 가끔 등장한다면 수준이 높은 것이고, 모르는 단어가 문장을 이해하는 데 방해가 될 정도라면 수준이 많이 높은 책이 되는 것이다. '책의 수준=모르는 단어의 등장 횟수'로 판단한다.

책 읽기가 익숙하지 않은 아이, 책 읽기를 싫어하는 아이에게는 수준에 맞는 책을 권해야 한다. 다독을 시키는 것이 우선이기 때문이다. 하지만 책 읽기에 흥미를 가지는 아이라면 독서를 통한 지적 욕구 충족의 기본 의사를 가진 것으로 판단할 수 있으므로 한 단계 높은 수준의 책을 권하는 것이 좋다. 여기서 중요한 것은 영어 단어장을 만들 듯이 국어 단어장을 만들어 적어 가게 한다. 단어장에 쓰이는 단어가 많아질수록 아이의 어휘력은 급격히 상승하게 된다. 이와 같이 어떤 수준의 책을 읽힐 것인가 하는 문제는 대상의 조건에 따라, 독서를 통해 얻고자 하는 목표에 따라 다르게 판단하는 것이 좋다.

독서 능력 향상과 학습 능률 향상에서 피보나치수열의 법칙

1 : 1 : 2 : 3 : 5 : 8 : 13 : 21 : 34 : 55 : 89……로 순차적으로 증가하는 수열이 있는데 이를 피보나치수열이라고 한다.

1. 지구상에 꽃을 피우는 식물 중 90%는 꽃잎 수가 피보나치수열과 일치한다. 꽃잎이 서로 겹치지 않도록 하면서 효율적으로 수술과 암술을 보호하기 위한 선택으로 보인다.

피보나치수열로 이루어진 꽃잎

칼라(1장)

등대풀(2장)

붓꽃(3장)

동백꽃(5장)

모란(8장)

금불초(13장)

치커리(21장)

데이지(34장)

2. 해바라기의 씨앗 배열은 나선의 한쪽 방향이 21개이면 나선의 반대 방향은 34개로 피보나치수열로 배열된다. 동일한 공간에 가장 많은 씨앗을 배열하기 위한 것으로 보인다.

피보나치수열이 적용된 해바라기 씨앗 배열

3. 회오리 모양을 한 동물의 뿔, 태풍, 은하계까지 회오리 모양이 점점 커질 때 반지름의 길이 비율은 1 : 1 : 2 : 3 : 5 : 8 : 13……으로 증가한다. 자연계의 회전 현상에 피보나치수열이 그대로 나타난다.

4. 인체가 가장 아름다워 보이는 비율 1 : 1.618
　　건축물이 가장 멋있게 보이는 비율 1 : 1.618
　　사진의 기본이 되는 3분할 구도나 나선형 구도의 비율 1 : 1.618
　　애플, 삼성의 로고에 숨겨진 비율 1 : 1.618
　　우리가 가장 아름다움을 느끼는 비율 1 : 1.618을 '황금비'라고 한다.

피보나치수열에서

8번째 항 21을 7번째 항 13으로 나누면 21/13=1.615

9번째 항 34를 8번째 항 21로 나누면 34/21=1.619

10번째 항 55를 9번째 항 34로 나누면 55/34=1.617

11번째 항 89를 10번째 항 55로 나누면 89/55=1.618……

피보나치수열은 황금비 1 : 1.618로 증가한다.

인간, 자연, 우주에 두루 그 모습을 드러내는 신비의 수열, 그것이 피보나치수열이다. 피보나치수열을 쉽게 설명하면 2 이후 등장하는 수는 앞 두 수의 합이다.

이렇게 피보나치수열에 대해서 이야기한 이유는 독서와 학습의 경우에도 역치 현상의 최소 효과 비율을 따질 때 피보나치수열의 법칙을 적용할 수 있기 때문이다.

학습에서 첫 역치에서 이룬 성취를 1이라고 했을 때

두 번째 역치에서는 최소 처음 성취의 2배

세 번째 역치에서는 최소 처음 성취의 3배

네 번째 역치에서는 최소 처음 성취의 5배

다섯 번째 역치에서는 최소 처음 성취의 8배

에 해당하는 성과를 이룰 수 있다고 본다.

이해하기 쉽게 예를 들면, 공부 방법이 동일할 경우
첫 번째 역치에서 영어 단어 20개를 1시간에 외웠다면
두 번째 역치를 경험하면 20개를 30분에 외우게 되고
세 번째 역치를 경험하면 20개를 20분에 외우게 되고
네 번째 역치를 경험하면 20개를 12분에 외우는
능력을 가지게 되는 것이다.

이 논리를 확장하면 독서 능력 향상의 최소 효과 비율에도 적용해 볼 수 있다. 처음 독서 속도가 1이라고 했을 때
독서 속도가 2배 빨라지면, 최소 3배의 이득
독서 속도가 3배 빨라지면, 최소 5배의 이득
독서 속도가 4배 빨라지면, 최소 8배의 이득
독서 속도가 5배 빨라지면, 최소 13배의 이득
독서 속도가 6배 빨라지면, 최소 21배의 이득
을 볼 것이라고 피보나치수열과 연관된 가설을 생각해 보는 것이다.

프롤로그에서 읽기 능력이 3배 향상되면 학습 효율은 5배 이상 향상된다고 말한 것은 피보나치수열의 개념을 빌려 세운 가설에서 나온 것이다.

2장

바른 읽기 교육 – 분당 2,000자 읽기

01

미국 및 영어권의 스피드 리딩 교육

우리나라 속독 교육은 미국 및 영어권의 스피드 리딩(Speed Reading) 교육에서 그 근원을 찾아볼 수 있다. 앞에서 제2차 세계대전 당시 조종사들의 피아 식별 훈련이 속독 이론의 근간이 된다고 언급한 적이 있는데 여기서는 보다 구체적으로 영어권의 스피드 리딩 교육을 살펴보며 속독에 대한 이해를 높이도록 한다.

1970년 미국의 국립 교육 연구 개발원과 미국 교육청은 독서, 독해를 '글쓴이가 언어를 기호화하여 전달하고자 하는 의미가 독자의 뇌에 재생 되도록 하는 과정'이라고 정의하였다. 여기에는 3가지 요소가 관계된다.

1. 읽을 자료
2. 독자의 지식(스키마 : 인지 능력, 배경 지식, 언어 지식이 조합된 지적 능력)
3. 생리적이고 지적인 활동이 서로 상호 작용하여 일어니는 이해 과정

독서란 글이라는 기호가 지닌 의미를 해독하는 과정이다. 여기에는 안구를 통한 시각적 인지 과정과 두뇌를 통한 의미의 해독 과정이 순차적으로 발생한다. 독서력을 향상시키기 위해서는 시각적 인지 과정의 효율화와 의미 해독 과정의 단위 시간당 처리량을 늘려 주는 기술적 접근이 요구된다. 미국에서 여러 학자에 의해 스피드 리딩에 대한 연구가 진행되어 읽기 능력 향상에 관여하는 5가지의 독서 원칙이 제안되었다.

1. 일정 속도 이상으로 빠르게 읽을 때 이해도는 증가한다.
2. 이해도를 높이기 위해서는 의미 단위로 읽는 것이 중요하다.
3. 읽기 **속도는** 글의 난이도에 의해 결정된다.
4. 글을 읽는 목적에 따라 읽기 속도를 조절할 필요가 있다.
5. 내용을 이해하기 위해 모든 단어를 다 읽을 필요는 없다.

1968년에 굿맨(Goodman)이라는 독서 연구가에 의해 제시된 '읽기 숙련도 향상'에 관한 개념도를 참조해 보자.

읽기 숙련도 향상

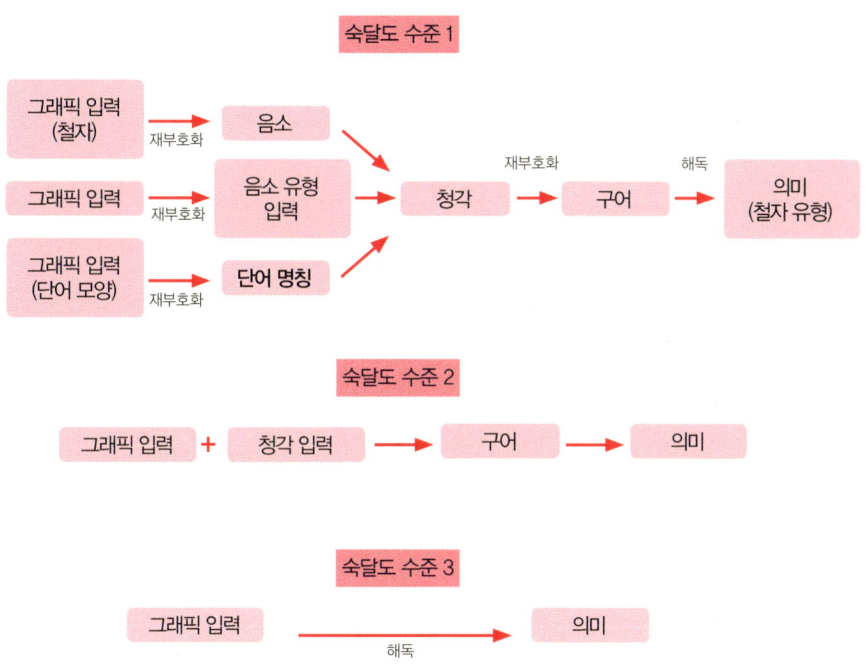

위 도표는 문자라고 하는 기호의 부호화와 이를 청각화하는 과정, 이를 해석하여 의미를 파악하는 과정을 보여 준다.

숙달도 1에서는 기호가 문자로 인식되고 다시 청각화 과정을 거친 다음 뇌의 언어 중추의 처리에 의해 의미를 파악하는 기본 흐름을 보여 준다. 숙달도 2에서는 기호의 문자화와 청각화가 동시에 이루어진 후 언어 중추의 입력과 의미 파악이 거의 동시에 이루어지는 발전된 패턴을 보여 준다. 숙달도 수준 3에서는 기호를 접하는 순간 바로 의미를 파악하는 능숙한 독해의 수준을 보여 주는데, 예를 들면 분필이라는 기호 문자를 보는 순간 머릿속으로는 분필의 이미지를 반사적으로 떠올리는 것과 같은 현상을 말한다.

이 도표를 속독 훈련 과정에 적용해 본다면, 독해력이 빨라진다는 것은 각 과정 중 중간의 몇 부분을 생략해도 좋을 정도로 사고력을 향상시키는 것, 또는 동시에 처리할 수 있는 정보 처리 능력을 극대화해 가는 과정이라고 설명할 수 있다.

또 하나의 예를 들어 보자. 영어를 모국으로 사용하지 않는 사람의 경우 영문을 접하게 되면 다음의 과정을 거쳐 의미를 파악한다.

1. 철자를 본다.
2. 철자의 조합으로 단어를 파악한다.
3. 단어의 음성학적 발음을 떠올린다.
4. 문장을 읽는다.
5. 읽은 내용을 모국어로 재구성한다.
6. 의미를 파악한다.

외국어 읽기에서는 위의 과정이 순차적으로 일어나게 되는데 숙달도가 올라갈수록 직독 직해에 가까운 독해력을 보여 준다.

이는 외국어 교육만이 아니라 국어 독서 교육에도 준용이 가능하다.

지금까지의 이론을 바탕으로 영어권의 스피드 리딩 교육에서 가장 중요시하는 것을 정리하면 다음 두 가지로 요약된다.

1. 의미 단위 읽기의 습관화
2. 스캐닝(scanning : 찾아 읽기)과 스키밍(skimming : 훑어 읽기)의 구분 활용

의미 단위 읽기를 위한 문장 나누는 법

1. 주부가 긴 경우 주부와 동사 사이를 끊는다.

The letter / written by tom/ is on the desk.

2. 접속사나 관계사절 앞에서 끊는다.

I hope / that he will pass the exam.

I know the village / where he lives .

3. 접속사나 관계사가 생략된 경우 생략된 곳 앞에서 끊는다.

I heard / you've been abroad.

4. 부사절이나 명사절이 있는 경우 접속사 앞에서 끊는다.

Flower's open beautifully / when spring comes.

5. 절이 목적어로 올 경우에 동사와 접속사 사이에서 끊는다.

I wonder / why she doesn't like me.

6. 부정사구나 분사구가 명사를 수식할 때는 다른 구와 마찬가지로 그 앞에서 끊는다.

He has no friend / to talk about the matter / with him.

Who is the girl / singing on the stage?

스캐닝과 스키밍의 구분 활용

영문 읽기에서 속도를 가속화시킬 수 있는 기법 중의 하나가 훑어 읽기이다. 훑어 읽기는 가장 생산적이며 융통성 있는 읽기 유형으로 간주된다. 주어진 글에 대한 요지를 빠르게 파악하는 '글의 요지 훑어 읽기(skimming)'와 특정한 정보를 신속하고 정확하게 찾아내기 위한 '세부 사항 훑어 읽기(scanning)'로 나눌 수 있다.

글의 요지 훑어 읽기(skimming)

자료를 매우 빨리 선택적으로 띄어 읽기를 하면서 긴 문장 속에 나오는 모든 지문을 읽지 않고도 주제를 파악 할 수 있는 능력으로 정의된다. 이러한 읽기 방법은 특정 정보보다는 전체적인 내용의 흐름을 개괄적으로 이해하여 주제를 빨리 파악할 수 있게 하는 속독 기술이다.

신문이나 잡지 읽기, 도서관이나 서점에서 책 고르기, 소설 읽기 등의 상황에서 유용하다. 이는 대부분의 신문 기사, 가벼운 이야기, 책의 목차, 만화, 기타 가벼운 글을 읽을 때 요지나 대의를 파악하는 용도로 사용된다. 즉 중요한 것만 훑어보고 빠른 속도로 작가의 견해를 파악할 수 있어 실제적인 문맥 파악에 좋은 방법이다.

세부 사항 훑어 읽기(scanning)

가능한 한 신속하게 특정 정보(날짜, 숫자, 장소 등) 또는 사실을 찾아내는 읽기 기술이다. 제시된 정보 가운데 자신이 필요로 하는 정보만 찾고 뽑아서 필요한 정보를 빠르고 효율적으로 얻기 위해 사용된다. 세부 사항 훑어 읽기 방법은 아래와 같다.

1. 처음에는 모든 것을 사전 읽기한다.
2. 질문을 확인한다.
3. 한 가지 생각만 한다.
4. 공격적으로 찾는다 : 민첩하게 한다 – 정신적, 육체적, 시각적으로
5. 더 복잡한 세부 사항 훑어 읽기 : 읽기 자료, 글의 구조를 잘 알아야 하며, 지적 상태를 폭넓게 이용한다.

'글의 요지 훑어 읽기'와 '세부 사항 훑어 읽기' 등 효과적인 읽기 방법을 지도하기 위한 다음 교수법을 제시한다.

1. 훑어 읽기가 어떤 상황에서 사용될 수 있는지를 설명해 준다.
2. 훑어 읽기에서 안구의 이동을 신속하게 하는 연습을 실시한다.
3. 짧은 길이의 글을 제시하고 훑어 읽기를 활용하여 주어진 문제의 답을 찾도록 한다.
4. 학습자에게 영어 교재 또는 교재 이외의 적절한 읽기 자료에서 일정 부분을 지정하여 정해진 짧은 시간 내에 훑어 읽기를 하도록 한 후 글 속에 담긴 주제를 쓰게 한다.
5. 글의 화제문(topic sentence)을 주의를 기울여 찾아보도록 한다.

여기까지 미국 및 영어권의 스피드 리딩 교육에 대해서 살펴보았다.

1960년대 영어권의 속독 이론서가 국내에 번역 출간되면서 1970~80년대의 국내 초기 속독 연구가들은 이에 많은 영향을 받았다. 미국 및 영어권의 스피드 리딩 교육 내용을 기반으로 하여 국내의 속독 기법이 기술적으로 보완, 발전해 왔기 때문에 우선하여 언급하였다. 이는 독서력 향상을 위한 기본 제언이므로 속독 훈련으로 이행하기 전에 독서 지도에서 적극 활용될 필요가 있다.

우리나라의 속독 교육

우리나라에서 속독 연구 및 속독 교육을 가장 처음 시작한 인물로는 박화엽 교수를 들 수 있다. 1978년에 출간된『실험 독서방법』이라는 책에서 전문적인 속독 교육 과정을 다루었다. 이 책은 출간 당시 2만 부라는 적지 않은 부수가 판매되었다. 나로서도 20여 년 전에 대학교 도서관에서 발견한 겉장이 낡은 박화엽 교수의 책을 집어 든 것이 속독과의 첫 만남이었다. 당시 여름 방학 기간 동안『실험 독서방법의 교수법』이라는 책 한 권을 완벽히 터득하리라는 욕심으로 도서관에서 하루 2시간씩 눈물 콧물을 쥐어짜며 속독 훈련에 매진했다.

『실험 독서방법의 교수법』이라는 책에서 언급된 성취도는 분당 2만~5만 자에 이르는 가공할 읽기 능력이었다. 이 목표치는 보편타당성을 가진 훈련의 성과라고 볼 수 없는 것인데도 이후 우리나라 속독계 전반에서 이를 그대로 가져와 홍보와 광고에 이용하였다. 이 때문에 이를 기대하고 훈련을 시작했으나 아무리 해도 이 능력치에 이를 수 없었던 대부분의 속독 훈련 경험자들에게 속독은 거짓이며 의미 없는 기능이라는 오명을 쓰게 되었다.

결과적으로 박화엽 교수는 속독 교육의 장을 열었다는 선구자로서의 입지는 다졌지만, 속독이라는 것에 과도한 기대치를 부여하여 결국 다수에 의해 보편성을 잃어버린 훈련으로 평가받는 우를 범하게 되었다. 이는 영업 이익을 탐하는 속독 학원 운영자들에게 그대로 전이되어 지금까지도 시정되지 않은 채 이어지고 있다.

나는 박화엽 교수의 속독 이론을 '안구 속독'이라고 정의한다. 좌안과 우안의 초점 맺기 능력의 향상으로 안구의 기능을 극대화하여 문장을 보아 내는 시간을 최소한으로 줄여 가는 것인데, 종국에는 마치 한눈에 한 페이지를 보는 듯한 느낌(실제로는 아니지만 느낌상 그렇다.)으로 문자를 흡수해 내도록 하는 것이다. 물론 이런 기능적인 훈련을 통하여 정신계의 조건 반사적인 능률 강화 효과(정신 집중)에 의한 속독력 향상을 이론적 배경으로 내세우고는 있다. 하지만 실체적 확인이 가능한 수준에서의 관점이라면 박화엽식 속독 훈련을 안구 속독이라고 정의하더라도 크게 오류는 없을 것이다.

그런데 박화엽식 속독은 훈련 과정이 극도로 고통스럽다는 큰 단점이 있다. 앞서 나의 훈련담에서 잠깐 언급했지만, 안구 속독을 제대로 익히기 위해서는 눈물 콧물을 줄줄 흘릴 수밖에 없는 육체적 자극이 강한 훈련이 수반된다.

또한 일명 '황소 돌격형 자세'라고 하여 눈을 부릅뜨고 시선을 한곳에 응시하는 훈련은 최대한 눈을 깜박이지 않고 응시하도록 지시하는 부분이 있기 때문에 안구 건조증 등 안과적 문제를 가진 사람은 훈련을 할 수 없는 핸디캡을 가지고 있다.

이러한 까닭으로 인해 박화엽식 속녹은 익히고자 하는 사람이 줄어들었고, 그에 상응한 반응으로 안구 속독의 힘든 훈련을 배제하고 정신계의 영상화 능력과 집중력 고취로 속독, 독해 능력을 향상시키고자 하는 부류의 움직임이 나타나게 되었다. 이를 나는 '안구 속독'의 개념에 대응하여 '두뇌 속독'이라고 정의한다.

안구 속독 분야에서 활발하게 활동한 분들로는 박화엽 교수(서강대), 조창섭 교수(중앙대), 소설가 박일, 이금남 선생 등이 있으며, 두뇌 속독 분야에서 대표적으로 거론되는 분들로는 이강백 박사, 김용진 박사, 김영철 선생, 마인드 맵으로 유명한 토니부잔 등이 있다.

02

안구 속독법

우리나라에서는 안구 속독이 태동하고 얼마 되지 않아 두뇌 속독으로 훈련 방법의 주류가 바뀌었고, 마지막으로 두 부류의 장점을 취한 속독 훈련으로의 변천 과정을 거치고 있는데, 일본에서는 아직도 안구 속독이 주류이다. 특히 속독법의 창시자로 박화엽 교수를 인정하는 모습이 상당히 인상적이다. 실례로 일본의과대학 생리학과의 한 젊은 학도는 박화엽식 속독 훈련이 뇌파에 미치는 영향을 연구하여 박사 학위를 받았다. 쓰쿠바 대학의 교수도 논문에서 속독의 가치를 인정하는 등 일본에서는 우리나라와는 비교할 수 없을 정도로 속독에 대한 많은 학문적, 의학적 연구와 접근이 이루어졌다.

그런데 일본에서는 한국과 달리 속독을 배우면 1분당 2만 자~5만 자를 읽을 수 있다고 광고를 하거나 홍보하는 곳이 없다는 것에 주목할 필요가 있다. 일본의 속독 교육원의 안내를 보면 거의가 현새 실력의 3~10배, 1분당 읽는 글자 수로는 3,000~5,000자를 제시한다. 이는 자국 내의 많은 연구를 통해 검증된 훈련의 보편적 성취 수준을 이 정도 선에서 인정한다는 뜻이다.

물론 일본 내에도 놀라운 속독력을 가진 사람이 있다. 그리고 앞서 언급한 하워드 S. 버그나 마리아 테레사 칼데론 같은 설명 불가능한 속독력을 지닌 이들이 있는 것은 사실이다. 하지만 아무나 훈련만 한다면 그와 같은 실력을 가질 수 있는 것은 아니다. 속독에 대한 정도 이상의 기대와 환상을 버리고 보편성이 보장된 속독 훈련 프로그램에 대해 올바른 이해와 인식으로 접근하여야 한다. 스스로 만족할 만큼의 성취도를 설정하고 속독 훈련을 통해 그 결과를 도출해 내는 과정을 거치면 훈련자의 대부분이 어렵지 않게 목표를 달성할 수 있다.

안구 속독의 기본 개념은 명시점(글자가 정확히 보이는 시점)의 형성을 통해 안구의 초점 맺기 기능을 향상시키고, 이러한 행위가 정신계의 집중력 향상을 유도하여 두뇌의 단위 시간당 정보 처리 능력을 극대화시키고자 하는 것에 있다.

여기서 명시점의 형성이란 좌안과 우안의 정확한 초점 맺기 능력을 말한다. 안구 속독 훈련의 1차 목표는 안구 정지 상태의 명시점이 아니라 독서라는 행위, 즉 글줄을 읽어 나갈 때 발생하는 안구의 끊임없는 미세 진동의 상태에서도 명시점이 풀리지 않고 원하는 시간만큼 유지되도록 하는 능력을 배양하는 것이다.

이러한 안구 운동 중의 명시점 형성 및 유지는 그 자체로서의 기능(초점 유지)에 제한되지 않고 정신계로 영향력이 확장 전이되어 정신 집중력을 향상시키는 자극제로의 역할을 하게 되며, 집중력이 독서력 및 두뇌력 향상을 견인하게 된다. 명시점 형성 및 유지 훈련은 안구 시선 집중 훈련이라고도 할 수 있는데, 가장 기본이 되는 방법은 다음과 같다.

1. 턱을 당긴다.
2. 눈을 크게 뜨고 약 15도 상방으로 치켜뜬다.
3. 안구에 힘을 준다.
4. 바늘 끝으로 찍어 놓은 듯한 작은 점을 응시한다.
5. 가능한 한 오랫동안 눈을 깜박이지 않고 응시하면서 명시점이 흐려지지 않도록 중간 중간 안구에 재차 힘을 주어 초점을 정확하게 맞어 준다.

나는 과거에 이 훈련을 통해서 안구의 정확도가 상승되고 시력이 다소 향상되는 경험을 하였다. 예를 들면 이전에는 버스로 이동하는 중에 신문이나 책을 볼 때면 늘 멀미가 날 것 같은 증상을 경험하였는데, 훈련 후에 신기하게도 멀미가 나는 증상이 완전히 사라졌다. 이는 전과 달리 차량의 흔들림 중에도 좌안과 우안이 크게 영향 받지 않고 자동적, 지속적으로 명시점을 유지하는 것이 가능해졌기 때문이라고 생각한다. 디지털 카메라에 비유하자면 '서보 AF' 기능을 가지게 된 것이다.

또한 미로 찾기의 경우에도 펜 같은 도구의 도움을 받을 필요 없이 시작부터 도착 지점까지 눈으로만 보고 지나갈 수 있게 되었는데, 이는 도중에 눈을 깜박이지 않은 상태에서 초점을 지속적으로 유지할 수 있는 안집중 능력을 갖추게 된 것이 주효했다고 본다.

당시 나는 응시 훈련을 하면서 눈을 부릅뜬 채 30분을 깜박이지 않고 한 점을 집중할 수 있도록 훈련을 했다. 이렇게 훈련을 하면 저절로 눈물과 콧물이 책상 위를 흥건하게 적시게 된다. 덕분에 눈싸움은 누구에게도 지지 않는 절대적인 능력도 얻게 되었다.

안구가 이렇게 기능적 향상을 이루게 되면 독서 1단계 과정인 눈으로 문장 보기는 준비가 완료되었다. 다음 과정은 안구가 문장을 접했을 때 원하든 원치 않든 안구가 글줄을 따라 자동적으로 움직이게 만드는 훈련을 하게 된다. 이때 사용하는 것이 동그라미 기호표이다. 좌우 양끝의 동그라미를 보면서 쭉 훑어가는 훈련인데 주의할 점은 동그라미가 흐려져 보여서는 안 되며 등폭, 등속도가 유지된 상태여야 한다.

일본에서 행해진 속독 시의 뇌파 연구에 의하면, 응시 훈련과 더불어 기호 훈련을 할 때도 뇌파는 안정된 알파파를 유지하는 것으로 나타났다. 알파파 상태가 정신 집중의 뇌파 상태로서 속독이 가능하게 하는 최우선 순위의 요건인 것이다. 안구가 등폭, 등속도의 운동 상태에서 상당한 시간 동안 명시점을 유지할 수 있게 되면 안구 속독이 요구하는 안구의 운동 패턴 만들기는 완성된다.

다음으로 하게 되는 것이 문자 적응 훈련이다. 문자가 흐려 보이지 않는다는 전제하에서 최대 속도로 기호 훈련을 하듯이 문자들을 보아 간다. 이때 내용 이해도의 정도는 훈련의 목적과 아무 관련이 없기 때문에 글의 내용을 전혀 파악하지 못한다고 해도 상관없이 훈련을 진행한다.

안구 속독에서 말하는 내용 이해도의 상승이란 문자 적응 훈련을 지속하는 동안 정신 집중 상태에 들게 되고, 이어지는 두뇌 자극에 의해 두뇌 스스로 독해 능력의 향상을 이루게 되며, 이윽고 어떤 속도 이상에서는 이해할 수 없었던 내용을 이해하기 시작하는 단계에 이르게 되는 것을 말한다. 나는 이 현상을 '뇌 내 속독 소프트웨어의 형성' 또는 '속독 뇌의 발현'이라고 표현한다.

두뇌 속독법

두뇌 속독은 우뇌의 순간 이미지화 능력을 이용하여 읽은 내용을 즉시 영상으로 처리하도록 하는 훈련을 우선시한다. 안구 속독 훈련에 비하면 육체적으로 힘든 훈련은 하나도 없다. 훈련의 요지는 우뇌의 능력을 극대화시킨다는 것이며, 능력 향상에 대한 신념과 결과에 대한 믿음을 강조하면서 암시의 긍정적 효과를 이끌어 내고자 한다. 단 상상 훈련이 주가 되므로 훈련 결과에 개인차가 심하게 나타나기 때문에 신뢰도가 낮다. 교육생이 머릿속으로 무엇을 하고 있는지 지도 교사는 알 수 없으므로 대중적인 속독 교수법으로는 적당하지 않다. 두뇌 속독은 교육생이 스스로 몰입하여 훈련에 임하는 자세가 중요하다.

두뇌 속독에서는 이미지 형성하기 전략을 쓰는데, 글을 읽으면서 내용과 관련된 장면을 떠올리게 하면 독서 후 읽은 글의 내용을 더 많이 회상하고 더 오랫동안 기억할 수 있다는 이론이다.

1986년에 행해진 켐브렐(Gambrell)과 밸스(Bales)의 연구 결과를 보면 이 전략을 배운 학생들이 배우지 않은 학생들에 비해 글에서 잘못되거나 어색한 부분을 더 잘 찾았다. 두뇌 속독의 개념은 의외로 간단하다. '꽃'이라는 단어를 보았을 때 즉시 꽃의 이미지를 떠올리도록 하고, "추적추적 비가 내린다."는 문장을 보았다면 즉시 비 오는 장면을 떠올리도록 훈련한다. 문자를 본 순간 영화를 보듯이 상상하는 것이 두뇌 속독 훈련의 핵심이다.

두뇌 속독도 기호 훈련이나 문장 적응 훈련을 하는데 안구 속독과의 차이점은 한 줄 한 줄을 보아 나가는 훈련을 하기보다는 덩어리로 보는 훈련이 주가 된다. 한 페이지가 있으면 위아래 2등분으로 나누어 흡수한다는 느낌으로 한 뭉텅이씩 보아 가도록 훈련한다. 훈련 횟수가 쌓이면 한 페이지를 S자 보기나 X자 보기, 사선 치기 등의 방법으로 보는 훈련을 겸한다.

적용되는 이론은 덩어리로 된 다량의 문자를 한 번에 보는 것이 두뇌의 동시 정보 처리 능력을 자극하고 자극을 받은 만큼 능력이 향상되어 독해력 신장을 이루어 낸다는 것이다. 눈앞에 흰 색연필이 하나 놓인 것을 보는 것이나 24색 색연필이 놓인 것을 한 번에 보는 것이나 시간은 동일하다는 것도 이론의 배경이 된다.

   지금까지 살펴본 바와 같이 두 부류의 훈련은 개념이 많이 다르다 . 사실 속독을 가르치는 입장에서 훈련의 결과만 놓고 본다면 안구 속독이 교육생의 80% 이상에서 양호한 훈련 결과를 보이는 반면 두뇌 속독은 교수법의 특성상 교육생의 30% 정도만 양호한 결과를 나타낸다. 그러나 이러한 결과를 두고 교육생의 입장에서 어느 훈련 방법이 더 나은가를 정하기란 쉽지 않다. 교수법의 용이성에 대한 판단을 떠나서 보면 분명 각각 뚜렷하게 구별되는 이론적 장점을 가지고 있기 때문이다. 관건은 두 훈련의 단점을 배제하고 이론과 실제의 두 부분을 모두 충족시킬 수 있는 새로운 형태의 속독 훈련 방법을 체계화시켜야 한다는 것이다.

안구 속독과 두뇌 속독의 특징과 장단점

	특징	장점	단점
안구 속독	안구의 활성화를 통하여 눈이 글줄을 자동적으로 찾아 읽는 기능을 배양하는 훈련이 우선시된다.	훈련 결과의 신뢰도가 높다. 교육생에 대한 관찰이 용이하고 단계를 정할 수 있어 속독 훈련의 교수법으로 적당하다.	훈련 과정이 힘들고 고통스럽다. 초·중등생이 훈련하기 어렵다. 안구건조증이 있을 경우 훈련에 상당히 조심해야 한다.
두뇌 속독	두뇌의 순간 이미지화를 이용하여 읽은 내용을 읽은 즉시 영상으로 처리하도록 하는 훈련이 우선시된다.	훈련이 힘들지 않다. 우뇌의 능력을 극대화시킨다. 신념과 믿음의 힘을 강조하고 암시의 긍정적 효과를 이끌어 낸다.	두뇌 훈련이 주가 되므로 개인차가 심하며 훈련 결과의 신뢰도가 낮다. 교육생이 머릿속으로 무엇을 하고 있는지 지도교사는 알 수 없으므로 속독 교수법으로 적당하지 않다.

03

빠르게 말하면 책 읽는 속도도 빨라진다

기본적으로 말하기와 읽기의 정보 처리는 좌뇌의 측두엽이 담당한다. 글줄을 한 줄씩 읽어 나간다는 것은 두뇌의 입장에서 보면 직렬적인 데이터의 입력에 해당한다. 따라서 직렬적 데이터 처리를 담당하는 좌뇌가 정보를 처리해 내는 것이다(우뇌는 병렬적 데이터를 처리한다). 이때 소리를 내어 읽으면 발음하는 속도 이상으로는 문장을 읽을 수가 없게 된다. 이를 극복하기 위하여 묵독을 한다. 묵독이란 입으로 발음하지 않는 대신 마음속으로 발음을 하며 읽는 것을 말한다. 마음속으로의 발음을 보통

'속발음'이라고 한다.

뉴스를 진행하는 아나운서들은 1분당 300자 정도의 속도로 원고를 읽어 나간다. 분당 300자라고 하는 것은 일반적이고 평균적인 독서 속도이기도 하다. 대부분의 사람은 말하는 속도와 읽는 속도 그리고 이해하는 속도, 이 3가지가 일치한다. 이는 정규 교육 현상에서 바른 읽기 교육이 제대로 이루어지지 않은 결과로서 소리 내어 읽는 속도가 자연스럽게 학생의 읽기 속도로 습관화되고 고정화된 것으로 이해할 수 있다. 그런데 소리 내어 읽는 속도와 이해하는 속도가 같다는 것은 두뇌력을 제한한다는 문제를 안고 있다. 이해하는 속도는 발음하는 속도와 견줄 수 없이 빠른데도 읽는 속도에 제한당해 있다는 것은 두뇌력의 심각한 낭비이다. 이에 대해서는 나중에 다시 고찰해 보도록 하겠다.

정리하면, 빠르게 말하는 것이 습관화되면 결국 책을 읽는 속도도 빨라진다는 것이다. 최대한 빠르게 입으로 발음하며 책을 읽을 경우 1분당 최대 510자 전후로 글을 읽을 수 있게 된다. 사실 발음을 하며 읽는 데 510자 정도의 속도가 나온다면 거의 모든 시험에서 시간의 압박으로 지문을 읽어 내지 못하는 경우는 없다(발음 시 510자면 묵독 시에는 1,200자까지 나온다). 단 대부분의 사람이 잘못된 읽기 교육의 소산으로 510자의 속도로 읽고 이해하는 능력조차 되지 않는다는 것이 현실이다.

소리를 내어 읽을 경우에는 발성이라는 물리적 현상이 수반된다. 이는 중간에 호흡을 위해 쉬어야 하는 독서 휴지기(문장의 쉼표나 마침표)가 있어야 하고, 입 속에 고인 침을 삼켜야 할 때도 읽기를 잠시 멈추어야 한다. 즉 발성이라는 물리적 상태에서는 읽기 행위의 연속성이 보장되지 않는다. 이는 읽기의 효율성을 저해하는 주원인이 된다.

이에 속발음 상태로서의 읽기가 최우선적인 대안으로 제시된다. 속발음 읽기라는 것은 발성이라는 물리 작용을 배제하기 때문에 중간에 읽기를 멈추어야 할 사안들이 근본적으로 존재하지 않는다. 따라서 훨씬 효율적인 읽기가 가능해진다. 소리 내어 읽을 경우 최대 읽기 속도가 510자 전후인데 속발음(묵독)으로 읽을 경우에는 분당 1,200자 전후라는 비약적인 읽기 속도의 향상을 경험하게 된다. 발성 상태의 읽기보다 2배 이상 빠른 속도의 책 읽기가 가능해지는 것이다.

분당 1,200자가 좌뇌가 감당해 낼 수 있는 읽기 속도의 한계치이다. 분당 1,200자 이상의 읽기가 가능하기 위해서는 글자 하나하나가 아닌 몇 단어 이상을 동시에 처리해 내는 능력이 필요하다. 여러 단어의 동시 정보 처리는 직렬적 데이터 처리가 아닌 병렬적 데이터 처리의 개념이다. 병렬적 데이터의 처리는 우뇌의 능력을 필요로 한다. 따라서 분당 1,200자 이상의 병렬적 데이터를 처리하기 위해서는 우뇌에 독해를 위한 새로운 능력이 생겨야 하고 속독 훈련은 그 과정을 이끈다.

우뇌는 신체 좌측의 운동 기능을 지배하고 이미지의 저장과 처리, 공감각적 판단, 리듬감, 비논리적 정보 처리, 병렬적 데이터 처리를 맡고 있다. 또한 우뇌의 활용은 두뇌가 알파파 상태에 들도록 만들어 주고 이때 집중력과 기억력이 최대인 조건이 만들어진다. 따라서 1,200자 이상의 속독은 우뇌의 능력을 전부 가동하게 하고, 더불어 두뇌는 집중력과 기억력이 최대인 상태에 이르게 된다.

결국 속독이 가능한 이유는 '우뇌'가 있기 때문이다. 따라서 우뇌를 자극하고 정보 처리 능력을 극대화시키는 과정이 속독 훈련에 포함되며 이 능력을 갖추느냐 마느냐가 훈련 성공의 관건이 된다.

한 번에 볼 수 있는 단어의 개수를 늘려라

속독 훈련을 경험해 보지 않은 독서자의 안구 움직임을 관찰해 보면 문장을 읽을 때 눈동자가 점핑 후 멈추는 현상을 보인다. 책은 보통 한 줄이 25~30자 내외로 이루어져 있는데 한 줄을 볼 때 안구가 멈추는 횟수는 평균 5회(도약은 4회)로 파악되었으며 멈추는 순간의 시간은 약 0.2~0.6초가 소요되었다(쉬운 문장은 약 0.2초, 시험 문제 등 어려운 문장은 약 0.6초가 소요되었다). 즉 한 줄을 읽을 때 내용을 이해하는 시간을 제외하고 적어도 1초가량을 멈춤과 도약이라는 안구 행동에 소비하는 것이다.

만약 한 페이지가 25줄이라면 최소 25초의 시간을 도약과 멈춤을 위해 사용해야 한다. 이 점을 파악한 독서 행동 연구가들은 이 시간을 줄여서 독서의 속도를 높이는 것이 상당히 효율적임을 증명하였다. 그리고 안구의 도약과 멈춤의 횟수를 줄이기 위해 한 번에 볼 수 있는 단어의 개수를 늘리는 것에 중점을 둔 속독 훈련 프로그램을 연구, 개발하였다.

안구 속독에서 요구하는 도약과 멈춤 횟수는 한 줄당 멈춤 2회, 도약 1회이다. 페이지의 중심을 기준으로 왼쪽 편을 한 번에 보고 오른쪽 편을 한 번에 본다는 개념이다. 왼쪽과 오른쪽을 보는 속도가 점점 빨라지면 안구는 멈춤이 없이 미세하게 떨리는 모양새로 관찰된다. 이렇게 되면 훈련 전보다 멈춤이 3회, 도약이 3회 줄게 되는데 한 페이지당 최소한 15초의 시간을 줄일 수 있어 독서 속도가 향상된다.

또한 안구가 사물을 깨끗하게 볼 수 있는 범위를 '중심와'라고 하는데 훈련을 통해 중심와의 주변부까지 문자를 볼 수 있는 범위를 넓히면 한 번에 5~9글자를 볼 수 있게 되면서 독서 속도는 더욱 빨라진다.

펜을 이용한 등속도 읽기의 효과

속독 지도사는 훈련 중인 교육생의 안구를 직접 관찰하면서 안구의 움직임이 잘 이루어지고 있는지를 살펴야 한다. 훈련 중 안구의 총기는 어떠한지(양쪽 눈의 초점이 잘 맞지 않으면 안구가 총명하게 보이지 않는다.), 미세하지만 부드러우면서도 탄력적인 움직임을 보이는지, 페이지의 줄 수와 같은 횟수로 좌우 운동을 하는지 등을 파악해 알려 주면 교육생에게 도움이 많이 된다. 나는 이렇게 자세히 교육생들의 안구 움직임을 관찰하고 속독 실력 향상과의 상관관계를 분석하면서 여러 속독 훈련 방법 중 가장 효과가 좋은 것은 '펜을 이용한 등속 읽기 훈련'이라는 결론을 얻었다(안구 속독에서는 '응시 훈련'을 최고의 훈련이라 할 것이고, 두뇌 속독에서는 '영상화 훈련'을 최고의 훈련이라 이야기할 것이다).

오랫동안 속독을 가르친 나의 경험적인 면에서 보자면 펜을 이용한 등속 읽기 훈련이야말로 모든 것이 담긴 훈련의 핵심이었다. 훈련 방법 또한 단순하고 쉬워서 글줄 위에 펜을 대고 등속도를 유지하며 아래로 훑어 내리면서 한 줄을 한 번에 본다는 느낌으로 펜이 지나간 글줄을 재빨리 읽어 가면 된다. 그 효과를 나열하면 다음과 같다.

1. 펜을 내리면서 읽는 행위만으로도 상당히 정확한 안구의 움직임을 유도할 수 있다.
2. 읽는 속도의 증감을 교육생이 직접 파악할 수 있기 때문에 보다 효과적인 속독 교육이 가능하다.
3. 분당 2,000자 읽기를 빠르면 2주 안에 완성할 수 있다.
4. 안구, 손, 두뇌가 읽기라는 하나의 행위에 몰입되면서 더 빠른 정신 집중 효과가 있다.

 **음독의 여러 유형**

한 글자씩 또박또박 읽기

초등학교 저학년 수업에서는 한 글자씩 또박또박 읽으면 책을 잘 읽는다고 칭찬받는다. 그러나 이것은 잘못된 읽기 교육의 시작이다. 정확하게 발음하려다 보면 읽는 속도는 손해를 보게 된다. 더욱이 이것이 습관화되었을 경우에는 두뇌의 학습 능률 자체를 저하시키는 부정적 현상이 나타난다. 초등학교 시기에는 읽는 속도가 그대로 이해하는 속도로 연결되기 때문에 분당 150~200자 정도의 정보를 인지하는 것에 머물게 된다. 또박또박 읽기는 내용을 이해하는 것에도 도움이 되지 않는다. 문장은 최소한 의미 단위로는 읽어야 한다. 천천히 읽는다고 글의 내용이 잘 이해되는 것은 아니다.

한 낱말씩 끊어 읽기

한 글자씩 읽는 것보다 나아 보이지만 오히려 한 낱말씩 읽기는 가장 좋지 않은 음독의 모습이다. 한 글자씩 읽기는 속도는 느리지만 그래도 중간 중간에 멈춤 현상이 없이 한 문장 정도는 쭉 읽어 나가게 되는 반면 한 낱말씩 끊어 읽기는 낱말 하나를 읽고 잠시 멈추는 과정이 반복해서 나타나기 때문에 한 글자씩 읽을 때보다 더 느리게 읽히고, 의미의 단위도 낱말 하나에 국한되어 사고의 연속성마저 저해하는 아주 바르지 않은 읽기 모습이다.

소리 내어 읽기

글을 읽을 때 조그맣게 소리를 내어 읽는 사람이 있다. 앞의 두 경우보다는 낫지만 이 경우의 읽기 속도는 분당 300자 전후에서 머문다. 이와 유사하게, 소리를 내지 않지만 입술은 움직이며 읽는 형태가 있다. 발성하여 읽을 때는 날숨에서만 책을 읽을 수 있으나 소리를 내지 않고 입술만 움직이며 읽을 때는 들숨에서도 글을 읽을 수 있으므로 소리 내어 읽기보다는 효율적이다. 또한 소리를 내시 않고 입술만 빨리 움직이며 읽는 것은 '속발음' 읽기의 바로 전 단계 모습이기도 하다.

혀 움직이며 책 읽기

혀 움직이며 책 읽기는 속발음 읽기를 훈련하는 단계에서 극복해야 할 현상이다. 소리를 내든지 소리를 내지 않든지 간에 입술을 움직이며 읽는 습관이 있던 경우에 속발음 읽기 단계에서 자신도 모르게 혀가 가만히 있지 못하고 계속 입력되는 발음대로 움직이려 한다. 이때는 이빨로 혀를 살짝 문다든지 혀를 말아 입 천장에 붙여 두고 책을 읽는 것이 좋다. 이 또한 얼마간의 속독 훈련으로 자연스럽게 교정된다.

속발음 읽기 훈련

속독법 입문 과정에서는 먼저 속발음 읽기 훈련을 통해 분당 1,200자 정도를 읽고 이해하는 능력을 갖추도록 연습한다. 실상 이 정도의 실력만 되더라도 만족스러운 독서 생활이 가능하다. 속발음 훈련부터는 훈련하는 사람의 심리적 요인이 성과에 크게 작용한다. 어떤 마음가짐으로 훈련에 임하는가가 직접적 영향을 미치며 훈련의 성패를 결정짓는다.

속발음(묵독) 훈련

목표	분당 1,200자까지 독서 속도 향상
훈련방법 및 유의점	1. 최대한의 속도로 속발음을 한다. 2. 절대로 혀를 움직이지 않는다. 3. 내용 중 묘사된 부분을 영상으로 떠올린다. 4. 호흡을 천천히 규칙적으로 한다. 5. 평소보다 조금 더 눈에 힘을 주고 조금 크게 뜬다. 6. 눈동자만 움직여 글줄을 보아 나간다.
속독 심법	1. 읽어 가는 글줄이 떠올라 눈속으로 빨려 든다. 2. 사고의 속도는 글 읽는 속도보다 빠르다. 3. 눈의 속발음을 하는 지점보다 항상 더 빨리 보아 나간다. 4. 글자들이 선명하게 보인다.

위 표를 보면 훈련 방법과 속독 심법 2가지로 나누어 설명하는데, 무협지에 비유하자면 훈련 방법은 '행공 구결'이고, 속독 심법은 진의를 깨우치기 위한 '심법 구결'이다. 특이하게도 속독 훈련에는 심법이 있다. 마음가짐이 그만큼 중요하기 때문이다. 그러므로 속독 훈련 중에는 속독 심법을 항상 염두에 두어야 한다.

속발음 훈련에서 특히 중요한 부분은 읽는 글줄이 눈 속으로 빨려 든다는 느낌으로 읽는다는 것이다. 이 마음가짐은 우뇌를 보다 빨리 활성화시키고 집중력을 배가시키며 내용 인지 능력을 향상시킨다.

04

두뇌 가속화 이론

　내가 연구한 속독법의 과학적 근간 중 하나는 '두뇌 가속화 이론'이다. 인간의 두뇌는 자극이 가해지면 일정 시간 그 자극에 대해 반응하다가 곧 그 자극의 수준에 적응하게 된다. 예를 들어 자동차를 타고 고속도로를 달리는 상황을 생각해 보자. 속도를 점점 가속할 때 우리의 뇌는 분명히 가속 상황의 자극을 인지하게 된다. 시속 50km로 달리다가 시속 80km로 가속을 하면 분명히 빠르다고 느끼게 되고, 이어서 시속 120km로 가속을 하면 더욱 그 속도를 실감한다. 그러나 시속 120km의 속도를 일정 시간 유지하면서 달리면 우리의 뇌는 속도감이 둔해지고 더 이상은 120km의 속도가 빠르다고 느끼지 않게 된다. 그러다가 다시 시속 80km로 감속을 하면 80km는 '느린 속도'라고 판단하게 된다.

50km의 속도에서 80km로 가속하였을 때는 '빠르다'고 느꼈는데 120km에서 80km로 감속하였을 때는 '느리다'고 인지하게 된다. 같은 80km의 자극인데도 이전 조건이 다르면 두뇌는 동일 자극에 대하여 다른 인지와 판단을 한다는 것이다. 두뇌는 이미 시속 120km의 속도에 익숙해졌기 때문에 80km의 속도를 상대적으로 느리게 인지하게 된 것이다. 이것이 바로 '두뇌 가속화 이론'의 핵심이다.

두뇌 가속화 이론을 그대로 독서에 적용해 보도록 하자. 현재 분당 300자로 글을 읽는 사람은 분당 1,200자로 글을 읽는다는 것에 상당한 부담을 가진다. 그러나 분당 2,000자로 글을 읽는 사람에게 분당 1,200자의 글 읽기는 별것도 아니게 된다. 다음 질문에 답해 보라.

질문 : '두뇌 가속화 이론'을 바탕으로 분당 2,000자의 속도로 수월하게 책을 읽기 위한 훈련의 핵심이 되는 것은 무엇일까?

답 : 분당 3,000자 이상의 읽기 훈련을 하여 두뇌를 가속화시키는 것이다.

그렇다. 이 한 마디에 속독법의 정화가 담겨 있다. 그런데 자동차의 엔진 성능이 뒷받침되지 못하면 충분히 가속할 수 없듯이 여러분의 안구와 두뇌가 분당 3,000자 이상의 속도를 감당해 낼 수 없다면 분당 2,000자를 수월하게 읽어 내는 능력을 보유하기는 어렵다. 이런 이유로 속독 훈련 과정이 필요한 것이다. 안구와 두뇌력을 신장시키는 한 단계 한 단계를 충실히 연습해 두는 것이 중요하다.

두뇌 모방 이론

두뇌 모방 이론이란 '두뇌는 자신의 행동을 그대로 모방한다.'는 이론이다. 우리의 두뇌는 의식적, 무의식적으로 항상 '모방할 대상'을 찾고 있다. 주위에서 모방할 대상을 찾는 것은 물론, 심지어는 자신의 행동을 모방해 두려고도 한다. 여기서 자신의 행동이란 의식적이고 인위적인 행위까지 포함한다. 예를 들어 공부를 소홀히 하는 아이가 일정 기간을 일부러 모범생이 된 것처럼 공부하는 행동을 하면 두뇌는 이 행동 패턴을 그대로 모방하여 이후에는 원래 모범생의 행동 양식을 가졌던 것처럼 반응한다.

두뇌 모방 이론이란 의식적이고 인위적인 행동 양식의 반복이 무의식석이고 본질적인 변화를 견인하는 것을 말한다. 독서라는 행위 또한 마찬가지이다. 의식적으로 지금의 속도보다 빨리 읽는 행위가 반복되면 두뇌는 그 빨리 읽는 행위를 스스로 모방하다가 결국 근본적인 차원에서 읽고 이해하는 속도를 빠르게 변화시킨다.

두뇌 도미넌트 현상

'도미노(Dominoes)' 놀이 도구를 잘 알 것이다. 블록을 쭉 세워 두고 한 끝을 넘기면 계속해서 다음 블록들을 넘어지게 하는 놀이이다. 이것은 한 번 건드려 넘어트리면 나머지 전부가 쓰러져 버리는 연쇄 현상을 이용한 것이다. 우리의 두뇌도 때에 따라서 이처럼 두뇌의 모든 기능이 연쇄적으로 하나를 위해 반응하는 현상이 있다. 그것을 '두뇌 도미넌트 현상'이라고 한다. 어떤 원인으로 뇌의 특정 부분에 흥분이 발생하고, 그 부분이 뇌의 다른 부분의 기능을 흡수하는 것같이 되어 자기 활동성을 강화시키는 현상이다.

우리가 매우 흥미롭고 중요한 일에 몰두하고 있다든지, 시험공부 또는 새 연극의 주인공을 맡고 있을 때 등은 뭔가 그 밖의 것에 주의를 돌리는 것이 아주 곤란하거나 전혀 불가능할 때가 있다. 이러한 뇌 활동의 특징 때문에 우리는 가장 중요한 과제를 수행하기 위해 전력을 집중할 수 있게 되는 것이다.

더욱 극명한 예로 '첫눈에 반한다.'는 것을 들 수 있다. 첫눈에 반할 만큼의 이상형을 보았을 때 보통 다음과 같이 묘사한다. '순간 아무 소리도 들리지 않고 오로지 눈에 보이는 것이라고는 주위에 광채가 어리는 듯 보이는 상대의 아름다운 모습뿐이다.' 거의 모든 사람이 한 번은 이러한 경험을 해 보았을 것이다. 이때의 두뇌는 순간 초집중 상태가 되어 다른 기능을 일순간 정지시키고 상대의 모습을 보고 느끼는 것에 모든 두뇌력을 사용하게 된다. 따라서 그 순간은 아무것도 들리지 않게 되고 상대방

외에는 주위의 아무것도 보이지 않게 되는 현상을 경험하게 된다. '두뇌의 올인' 이것이 바로 '두뇌 도미넌트 현상'이다.

두뇌 도미넌트 현상을 발생시키는 원인은 아주 하찮은 것도 있지만 매우 중요한 것도 있다. 여기에는 애국심, 일에 대한 열정, 모성 본능 등이 포함된다. 이 감정들은 두뇌 도미넌트 현상을 발생시켜 자기 재능을 남김없이 발휘하게 하고 모든 장애를 돌파하도록 돕는다.

독서라는 행위에서도 우리는 이 기전을 충분히 활용해야 한다. '독서 삼매경'이라는 표현은 독서할 때 경험하는 '두뇌의 도미넌트 현상'을 잘 표현해 준다.

05

피그말리온 이펙트

피그말리온은 키프로스 섬의 조각가였다. 그는 고향의 여인들에게 실망하여 이성을 멀리하였다. 현실의 여인을 멀리한 채 살던 중 자신이 염원하던 이상형을 그대로 담아 놓은 듯한 여성상을 상아로 조각하였다. 그런데 이 조각상이 너무도 완벽하여 피그말리온은 자신도 모르는 사이 이 조각상에게 깊은 사랑을 느끼게 되었다. 결국 이 조각상이 실제의 사람이었으면 하고 간절히 바라게 되었다.

피그말리온은 키프로스 섬의 주신인 아프로디테에게 간절히 기도를

안루이지로데 드 루시 트리오종, 「피그말리온과 갈라테이아」.

하였다. 그 정성을 갸륵하게 여긴 아프로디테는 피그말리온의 소원을 들어주기로 했다. 어느 날 집으로 돌아온 피그말리온은 여느 때와 같이 상아 조각상에게 입을 맞추는데 조각상의 입술에서 온기가 느껴지고 조각상의 피부에 서서히 온기가 돌았다. 피그말리온은 무척 기쁘고 감사해했다. 그는 사람이 된 여인에게 갈라테이아라는 이름을 지어 주고 결혼하여 파포스라는 딸까지 얻어 행복하게 살았다.

심리학에서는 기대와 관심을 받는 제3자가 극적으로 그 기대에 부흥하는 성과나 변화를 이끌어 낸 경우를 두고 '피그말리온 이펙트'라고 한다. 여기에는 특정한 문제를 자신의 능력으로 해결할 수 있다는 자기 자신에 대한 신념이나 기대감을 나타내는 '자기 효능감(self-efficacy)'의 의미가 담겨 있기도 하다.

안구 속독 훈련의 후반부인 '내용 인지 강화 훈련'에서는 물론이거니와 특히 두뇌 속독 훈련에서 이 피그말리온 이펙트는 상당히 중요한 개념으로 작용한다. 속독 훈련을 통해 현재보다 4~10배에 이르는 빠른 독서력을 보유하게 된다는 것은 사실 훈련자에게는 꿈만 같은 일이다. 그만큼 이미 익숙해진 습관을 버리고 새로운 기능을 익히는 것이 어렵다는 반증이기도 하다. 이때 '나의 읽기 능력은 이 훈련을 통해 극적으로 향상될 수 있다.'는 자기 암시가 필요한데 그 암시의 간절함 정도를 피그말리온 이펙트의 개념을 빌려 설명할 수 있다. 즉 훈련을 하는 자기 자신에 대한 무한 신뢰인 자기 효능감과 훈련 성과에 대한 강한 기대감인 피그말리온 이펙트, 이 2가지가 마음을 든든히 받치고 있어야만 원하는 성과를 달성할 수 있게 된다.

속독 훈련은 몸으로 익히는 다른 기능과 달리 두뇌를 자극하고 신경계(시냅스)의 정보 전달에 직접적인 영향력이 있는 뇌 내 호르몬의 구성에도 민감한 영향을 주므로 훈련에 임하는 학습자의 자신의 대한 신뢰와 긍정적 심리 상태는 무엇보다 중요하다.

자기 효능감

앨버트 밴두라(Albert Bandura)는 캐나다 출신으로 스탠퍼드 대학에 재직하였으며, 미국의 심리학회 대표까지 지낸 사회 학습 이론 분야의 석학이며 저명한 심리학자이다. 그의 무수한 연구 업적 중에 뱀 공포증에 대한 치료가 있다. 세상에는 뱀을 유달리 무서워하는 사람들이 있는데, 어떤 사람은 단지 주위 어딘가에 뱀이 있다는 말만으로도 공포감에 질리는 경우가 있다고 한다.

밴두라는 뱀 공포증 치료를 위해 '통제된 숙련, 유도 숙달(Guided Mastery)'의 방법을 사용했다. 이를테면 뱀이 있는 옆방에 환자를 있게 하고 조금 있으면 뱀이 그 방으로 들어올 것이라고 말해 준다. 처음에는 실험 자체를 격렬하게 거부하던 환자가 그 상황을 견딜 수 있게 되면, 다음 단계로 창문을 통해 옆방의 실물을 보게 한다. 이후 전문가의 통제 아래 조심스럽게 방문을 열고 환자에게 뱀을 향해 조금씩 다가가도록 지시한다. 환자는 한 걸음 한 걸음 '유도'됨으로써 뱀에게 '숙달'된다. 마침내 환자는 뱀을 실제로 만지기에 이르는데, 신기하게도 바로 그 순간 뱀 공포증은 씻은 듯이 사라진다. 평생 동안 환자를 괴롭혀 온 뿌리 깊은 심리적 장애가 단시간에 해결되는 것이다.

유도 숙달을 통해 효과적으로 뱀 공포증을 치료하던 밴두라는 환자들과의 사후 인터뷰를 통해 기이한 사실을 깨닫게 되었다. 뱀 공포증에서 해방된 환자들 중 많은 수가 승마나 춤, 세계 여행을 비롯한 다양한 분야에 적극적으로 도전해 이전보다 훨씬 활기차고 열정적인 삶을 살았던 것

앨버트 밴두라. 미국의 심리학자.

이다. 그들은 뱀 공포증 한 가지에서만 벗어났는데도 마치 자신을 묶고 있던 다른 모든 족쇄에서 일제히 풀려나기라도 한 듯 새로운 삶을 살기 시작했다. 밴두라는 그 기저에서 '나는 할 수 있다.'는 뚜렷한 자신감이 형성되었다는 사실을 확인했다. 그는 이러한 자신감을 일러 자기 효능감이라고 이름 붙였다.

자기 효능감은 '어떤 상황에서 적절한 행동을 할 수 있다는 신념과 믿음'을 의미한다. 이것은 일반적인 자신감과는 구별되는 것으로서, 특별한 영역에 국한된 느낌을 말한다. 예를 들어 수학 문제를 풀거나 화학 방정식을 해결하는 것, 육상 트랙을 일정 속도로 달리는 것 등에 대한 자신감이다. 자기 효능감이 학습과 행동, 문제 해결에서 상당히 유리한 '내적 비밀 무기'로 작용한다는 것은 두말할 필요가 없다.

연구 결과에 의하면 자기 효능감이 높은 사람들은 보다 열심히 노력하고, 보다 끈질기게 문제에 매달리며, 보다 효과적으로 과제를 수행했다. 반대로 자기 효능감이 낮은 사람들은 자신의 역량을 벗어나는 과제를 피하려 하고, 자료에 대한 탐색에도 상대적으로 소홀했다. 결론적으로 말하면, 자기 효능감 이론은 '할 수 있다고 생각하는 사람은 할 수 있으며, 할 수 없다고 생각하면 할 수 없다.'는 격언에 힘을 보탠다. 이러한 자기 효능감은 속독을 익히기 위한 기본적 심리 요인이 되는 한편 학업과 연계되면 '학업적 자기 효능감'이라 하여 학업 성취의 3요소로서도 중요한 역할을 한다.

06

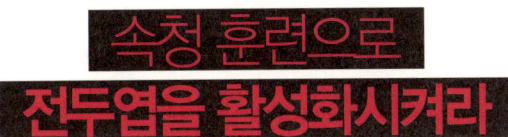

속청 훈련을 하면 두뇌 회전이 빨라진다

언어 행위에는 읽기, 말하기, 듣기, 쓰기의 4가지 요소가 있는데 쓰기를 제외하고 읽기, 말하기, 듣기는 상호 밀접한 관련이 있다. 앞서 속발음 훈련에서 최대한 빨리 마음속으로 문장을 읽는 것이 속독력 향상에 기여한다고 하였는데 마찬가지의 원리로 속청 훈련에 대한 개념을 잡을 수 있다.

속독 연구에서도 그랬듯이 속청 연구에서도 일본은 한국보다 깊이 있는 학문적 연구를 진행하였고, 그 결과를 세계 학술지에 발표하였다. 일본의 대뇌 생리학 연구에 의해, 일반 청음 속도의 2~4배에 이르는 속도로 속청하면 두뇌의 사령탑이라 불리는 전두엽을 활성화시킨다는 것이 밝혀졌다. 이는 2004년 아카데믹 프레스의『신경 영상』학회지에 게재되었다.

    이 연구는 일반 속도의 2~4배에 이르는 속도로 청음을 할 때 두뇌가 이를 이해하려는 과정에서 전두엽이 활성화되는 두뇌 기전을 증명하였다. 전두엽이 활성화된다는 것은 쉽게 말해 두뇌 회전이 빨라진다는 것을 의미한다. 속청 훈련을 하면 두뇌 회전이 빨라지게 되는 효과가 나타나는데 그 이유는 다음과 같다.

  첫째, 두뇌 신경망 회로인 시냅스의 조밀화
  둘째, 우뇌의 활성화

    시냅스는 뇌세포에 다른 뇌세포와 연결되기 위해 뻗어 나온 축삭 돌기와 수상 돌기의 접합부를 말한다. 두뇌가 활성화되면 두뇌는 더 많은 정보를 더 빨리 처리하기 위하여 시냅스의 수를 늘리게 되는데 이는 정보 처리망을 넓히는 것과 같은 의미가 있어 두뇌의 능력치를 상승시키는 작용을 한다.

    속청 훈련을 통한 우뇌의 활성화는 2.7배속의 속도에서부터 나타나는 현상으로 연구되었는데, 이는 좌뇌와 우뇌의 특성 때문이다. 좌뇌는 저속 저용량의 정보 처리를 담당하고, 우뇌는 고속 고용량의 정보 처리를 담당하기 때문이다. 청음의 속도가 2.6배속에 이를 때까지는 좌뇌가 주가 되어 입력되는 정보를 처리하는데 2.7배속부터는 좌뇌가 정보 처리의 한계를 넘어 기능을 중지해 버리는 대신 우뇌에 그 책임을 넘긴다. 우뇌가 활성화되면 그 효과는 즉각 나타나게 되는데 학습과 관련된 부분을 보면 다음과 같다.

1. 이미지력의 향상
2. 기억력의 향상
3. 창의적 아이디어 발상력의 향상

그렇다면 이런 효과가 있는 속청 훈련을 어떻게 하면 좋을까?

1. 훈련은 120일간 한다.
2. 가속과 감속으로 진행한다.
   1배 → 1.7배 → 2.7배 → 3.5배 → 2.7배 → 1.7배 → 1배

훈련용으로 정한 녹음된 문장을 1배속으로 한 번 듣고 1.7배속으로 한 번 듣고 2.7배속으로 한 번 듣고 3.5배속으로 한 번 듣고 다시 감속하여 1배속까지 한 번씩 들어 주는 방법으로 훈련을 한다.

속청 훈련의 장점은 속독 훈련보다 더 강한 집중력이 필요하다는 데 있다. 속독 훈련의 경우는 가속 훈련 시 내용이 이해가 되지 않아도 그냥 글을 눈으로 보고 훑어 나가는 과정이 있는데 이때 훈련하는 당사자의

경우는 좀 황당할 수 있다. 내용도 전혀 안 들어 오는데 멍하게 아무 생각 없이 눈으로 보면서 술술 책장만 넘기고 있으니 그럴 만도 한다.

그러나 속청 훈련은 그럴 수가 없다. 1배속으로 들은 내용을 3.5배속이 되어도 내용을 놓치지 않고 듣는 것이 훈련의 목적이기 때문이다. 집중에 집중을 더해야만 정확한 훈련을 해 낼 수 있기 때문에 순간이라도 정신을 놓을 여유가 없다. 이것은 외국어 청해 훈련에도 바로 적용할 수 있기 때문에 그 유용성은 속독을 능가한다고 볼 수도 있다.

속독은 단어, 어휘에 대한 기본 지식이 바탕이 되어야 하기 때문에 초등학교 저학년에서는 훈련을 권장하지 않지만 속청은 의사소통이 원활한 7세 정도부터라면 어렵지 않게 훈련을 할 수 있다는 것도 큰 장점이다. 속청 훈련과 속독 훈련은 자극의 요소가 글이냐 음성이냐의 차이가 있을 뿐 두뇌에 작용하는 기대 효과는 같다.

속청 교육에 도움이 되는 재생 속도 조절 소프트웨어

나음은 무료로 활용할 수 있는 재생 속도 조절 방법들이다.

삼성 모바일 '사운드 얼라이브'의 재생 속도 조절 기능

삼성 모바일 기기(스마트폰, 태블릿 PC 등)에 내장된 음장 시스템인 '사운드 얼라이브(SoundAlive)'는 0.5배속에서 2배속까지 재생 속도 설정이 가능하다.

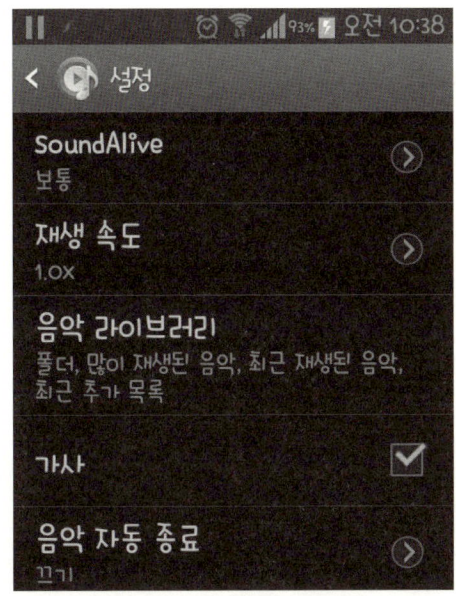

삼성 모바일 '사운드 얼라이브'의 재생 속도 조절 기능

유튜브의 재생 속도 조절 기능

유튜브에도 재생 속도 조절 기능이 있으니 속청 훈련에 활용해 보기 바란다. Intenet Explorer 브라우저에서 유튜브 재생 속도를 조절하기 위해서는 HTML5 플레이어를 설치해 주어야 한다. 그런데 이것도 Windows XP에 설치할 수 있는 최신 버전인 Explorer 8에서는 지원되지 않고 상위 버전의 Explorer에서라야 설치가 가능하다. 이러한 절차가 번거롭다면 Chrome 브라우저를 이용해 유튜브에 접속하면 된다. 최적화가 되어 있어 접속만으로도 손쉽게 재생속도 조절 기능을 사용할 수 있다.

Explorer 브라우저의 유튜브 HTML5 플레이어 설치 페이지는 다음과 같다.

https://www.youtube.com/html5

위 페이지에서 HTML5 플레이어 요청이라는 파란 버튼을 클릭하여 설치해 주면 된다.

유튜브에서 재생 속도 변경하기

오른쪽 하단의 톱니바퀴 모양을 클릭하면 설정 창이 활성화된다.

'속도-보통'을 클릭하면 2배속까지 설정할 수 있다.

PC 프로그램 '곰 플레이어' 속도 조절 기능

곰 플레이어는 가장 정밀하고 폭 넓은 재생 속도 조절 기능을 제공한다. 0.1배속 단위로 증감되고 최대 4배속까지 조절이 가능하다.

하단의 '제어창'을 클릭하고 나타나는 창에서 상단의 '재생'을 선택하면 재생 속도를 조절할 수 있다.

3장

속독 트레이닝 —
PLM 집중 속독법

01

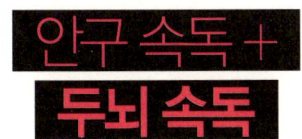

속독법 훈련 과정

나는 안구 속독과 두뇌 속독의 장점을 취한 프로그램을 만들기 위해 많은 연구를 하였다. 그래서 이 책에서는 안구 속독을 위한 프로그램과 두뇌 속독을 위한 프로그램을 모두 제시하기로 한다. 두 부류의 훈련이 상호 작용하여 시너지를 발휘하도록 하는 것이 목표이다. 이 새로운 커리큘럼을 가진 속독 훈련 프로그램을 'PLM 집중 속독법(PLM: Perceptive Learning Method)'이라고 이름 붙였다.

본격적인 속독 훈련을 시작하기 전에 2가지의 기본 단계를 거쳐야 한다. 첫 번째는 독서 방해 요인을 제거하는 것이며, 두 번째는 묵독(속발음)으로 분당 1,200자를 읽는 실력을 갖추도록 하는 것이다.

PLM 감각 속독법의 훈련 개요

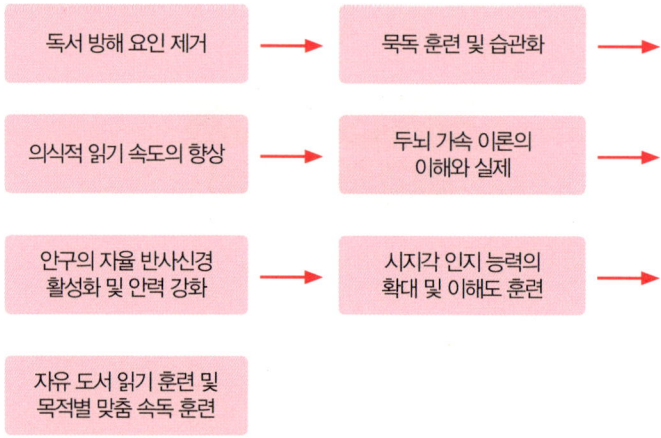

속독법 학습 운영 계획

			속독 이론 & 방법	비고
6개월 코스 속독 훈련 수업 계획	1~2 개월	기초 과정	〈기본단계 훈련〉 및 〈2단계 훈련〉 기간 : 2~23교시 목적 : • 속독 훈련의 기초가 되는 훈련 과정 　　　• 등속도 훈련에 의한 정신 집중력 향상 　　　• 좌측과 우측 눈의 초점을 잘 맺게 하는 훈련 　　　• 기존의 잘못된 독서 습관의 교정 효과 : • 훈련 시작 전보다 2배의 독서 속도 향상을 성취한다. 　　　• 집중력이 유지되는 시간을 늘린다. 　　　• 안구의 근육을 강화시킨다.	
	3~4 개월	중급 과정	〈2단계 훈련〉 및 〈3단계 훈련〉 기간 : 24~47교시 목적 : • 속독 훈련의 실제(본격적인 속독 훈련) 　　　• 안구 운동, 안구의 힘 등을 극대화시킴 　　　• 교과서를 기존보다 2배 이상 빨리 읽기 　　　• 도서를 통한 실제 속독 실력 배양 효과 : • 4배 이상의 읽기 속도를 배양 　　　• 안구의 자율활동 신경을 활성화 　　　• 의식의 지배를 벗어난 안구의 자율성 배양	
	5~6 개월	고급 과정	〈3단계 훈련〉 및 〈4단계A, 4단계B 훈련〉 및 〈자유 도서 읽기〉 기간 : 48~100교시 목적 : • 속독 훈련의 도약 및 완성 단계 　　　• 안구의 자율 신경 극대화 　　　• 독서 시야의 확대 　　　• 속독 습관 배양 효과 : • 교과서를 읽을 때 최소 4배 이상의 속독력 배양 　　　• 우뇌 활성화로 두뇌개발 촉진 　　　• 스스로 자신감을 가지게 되어 적극적인 학습 이룸	

속독 훈련을 통한 독서력 향상 과정

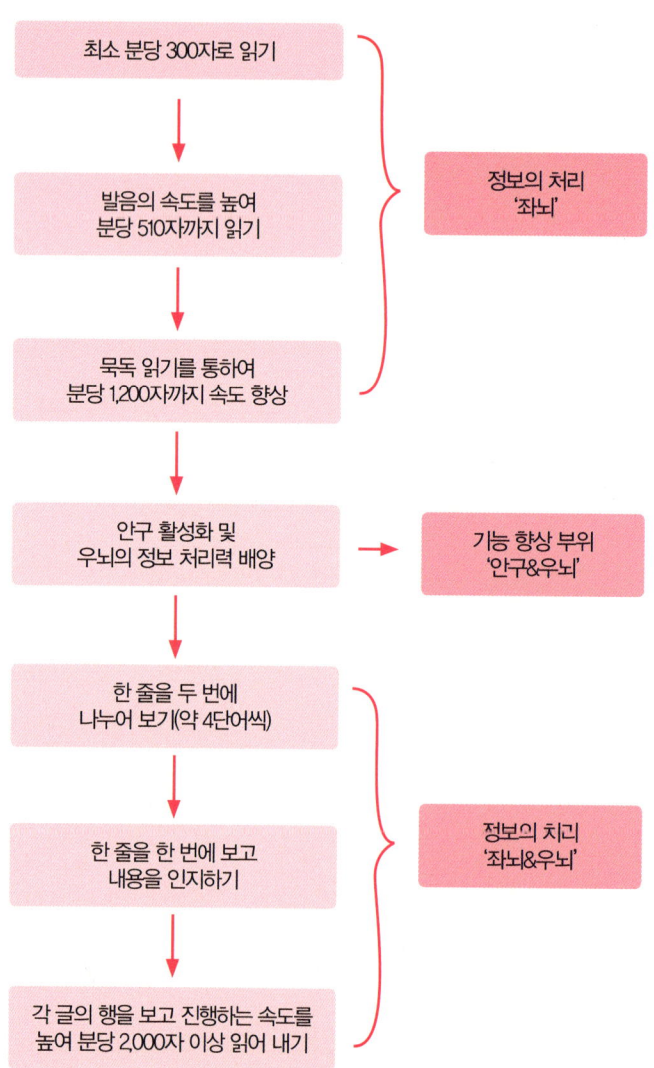

독서 방해 요인을 없애라

앞서 음독에 관해 이야기할 때 나왔던 한 글자씩 읽기, 한 낱말씩 읽기, 소리 내어 읽기, 혀 움직이며 책 읽기는 모두 독서 방해 요인이다. 그 밖에도 독서를 방해하는 요인은 몇 가지가 더 있다. 아래 표를 보고 자신이 해당하는 것에 체크를 해 보자.

독서 방해 요인

	독서 방해 요인	확인
1	한 글자씩 또박또박 읽기	
2	한 낱말씩 끊어 읽기	
3	문장의 흐름을 따라 고개를 움직이며 읽기	
4	소리 내어 읽기	
5	딴 생각 하며 읽기	
6	앞으로 소급하여 되돌아가 읽기	
7	손으로 문장 짚어 가며 읽기	
8	혀 움직이며 책 읽기	
9	다른 자극을 동반한 읽기	
10	내용을 상상하지 않으며 읽기	

위의 10가지 독서 방해 요인 중에 체크된 것이 있다면 이미 수년에 걸

쳐 독서 습관으로 굳어졌기 때문에 교정하기가 쉽지 않다. 하지만 의식적으로 독서 방해 요인을 배제하려는 마음가짐으로 하루 30분 정도 책 읽기를 한다면 2주 정도의 훈련으로 독서 방해 요인을 제거할 수 있다. 독서 방해 요인 항목에 체크된 것만 고치더라도 독서력은 이전보다 최소 2배 이상 향상되는 효과가 나타난다. 독서 방해 요인을 제거하지 않고 속독 훈련을 시작한다는 것은 무의미하다.

훈련을 할 때는 절대로 서두르지 말고 차근차근 과정을 밟아 나가야 한다. 독서 방해 요인의 제거 또한 속독 훈련의 일부라고 생각해야 하며 차후 묵독(속발음)으로 책을 읽으면서 분당 510자 이상 읽어 내게 되면 10번 항목을 제외하고 나머지 독서 방해 요인은 모두 제거되었다고 할 수 있다. 2장에서 이미 언급한 방해 요인 4가지를 제외하고 나머지를 살펴보자.

고개 움직이며 읽기

글을 읽을 때 눈동자를 움직이며 글줄을 보아 나가는 것이 정석이지만 눈동자는 움직이지 않고 글줄을 따라 고개를 움직이며 읽는 사람이 많다. 이런 사람은 고개를 움직이는 횟수만 보면 한 페이지에서 얼마만큼 읽었는지 알 수 있다. 고개를 움직여야 하는 행위 때문에 읽는 속도는 느긋하고 유유자적하다. 이 경우 안구 활성화 훈련을 시키면 아주 힘들어 한다. 지금까지 안구를 움직이지 않고 독서를 했기에 안구를 둘러싼 근육의 힘이 상상외로 약해져 있다.

딴 생각 하며 읽기

책을 읽으면서 딴 생각을 한다는 것이 이상하지만 여기에 해당하는 사람의 의외로 많다. 결과적으로 본다면 책을 다 읽고서도 무엇을 읽었는지, 등장인물의 이름이 무엇이었는지조차 기억하지 못한다. 원인은 책을 너무 늦게 읽기 때문이다. 누차 언급하지만 우리 두뇌는 우리가 생각하는 이상의 능력을 가지고 있다. 책을 늦게 읽는다는 것은 단위 시간당 정보 흡수량이 그만큼 적다는 것이고, 이렇게 되면 두뇌는 다른 작업을 할 여분의 능력치를 남겨 두게 된다. 이 남은 여분의 두뇌력이 독서 중에 딴 생각을 할 수 있는 여유를 제공하는 것이다. 해결책으로는 속도를 올려 독서하는 것밖에 없다. 단위 시간당 정보 흡수량을 늘려 두뇌가 독서 정보를 처리하는 데 전 두뇌력을 사용하는 상황을 만들어 주어야 한다.

소급하여 되돌아가 읽기

심리적 영향이 크게 작용하는 읽기로서 꼼꼼하고 세심한 성격을 가진 사람들에게서 주로 나타난다. 책을 읽다가 앞의 내용이 생각나지 않으면 불안해져서 더 이상 읽기를 진행시키지 못하고 소급하여 생각나지 않는 부분부터 다시 읽어야 심적 안정을 이룬다. 이 경우는 다음 사항을 유의하도록 한다. 특출한 능력을 가지지 않는 이상 정독으로 책을 읽을 경우 약 70% 정도의 내용 인지와 이해도를 나타내는 것이 평균적이다. 완벽한 내용 인지의 독서에 연연하지 말고 독서를 즐기려는 마음을 가져야 한다. 자꾸 소급해서 읽는 것보다는 한 번 통독한 후 재독을 하는 것이 내용 인지와 이해도 등 모든 면에서 훨씬 낫다.

손으로 문장 짚어 가며 읽기

가로로 된 문장 아래에 손가락을 놓고 죽 훑어가는 읽기이다. 집중력을 높여 주는 효과는 있지만 손가락으로 훑는 속도가 읽는 속도가 되고 이해하는 속도가 된다는 문제가 있다. 이 경우는 발상을 전환하여 손가락을 가로로 훑어가지 말고 세로로 내려가게 한다. 손가락을 대는 목적이 문장에 대한 집중에 있다면 보다 효율적으로 이용할 필요가 있고, 지면 위를 가로로 이동시키기보다는 세로로 이동하는 것이 손이 움직이는 거리와 책을 읽는 속도 면에서 훨씬 효율적이다. 이 세로 이동법은 자유 도서 읽기 훈련 중 한 방법이기도 하다. '아 다르고 어 다르다.'는 속담처럼 손을 가로로 이동시키는 것과 세로로 이동시키는 것에는 읽기 효율에서 상당히 큰 차이를 보인다.

다른 자극을 동반한 읽기

독서할 때 가요를 듣는다든지 다리를 떤다든지 손으로 머리카락을 만지작거린다든지 하며 두뇌에 독서 이외의 다른 자극을 지속적으로 주는 사람이 있다. 가요를 듣게 되면 가사의 내용을 인지하려는 작용이 일어난다. 손을 꼼지락거리는 등의 딴 짓을 하면 거기에는 많은 두뇌력이 사용된다(손의 감각 신호 처리에 사용되는 뇌의 부위가 가장 넓다). 즉 두뇌 도미넌트 현상이 일어나기 힘든 상황이 연출되는 것이다.

명상을 하는 사람은 몸의 행동을 최대한 제한하여 움직임이 없는 정적인 상태를 만드는 것으로 수련을 시작한다. 이는 두뇌에 잡신호가 발생하지 않도록 하여 명상에 몰입할 수 있도록 하는 것이며 몰입과 두뇌 도미넌트 현상은 동일한 작용으로 볼 수 있다. 독서할 때도 최대한 몸을 정적인 상태로 유지하도록 한다. 가사가 없는 클래식 계열의 음악이나 해석이 불가능한 외국 노래의 경우는 독서 방해 요인으로 작용하지 않아서 괜찮다는 견해가 있다.

내용을 상상하지 않으며 읽기

소설, 수필, 기행문 등을 읽을 때 그 내용을 영상화시켜 주는 것이 중요한데도 불구하고 많은 사람이 내용 파악에만 만족하는 독서를 하고 있다. 책을 읽은 후 독후감을 쓰면 내용에 대한 재상상을 하도록 유도하여 읽은 책에 대한 인상을 강화시키고 기억을 오래도록 남게 하는 효과가 있다. 하지만 책을 읽고 독후감을 쓴다는 것은 학교 숙제로 주어지지 않는 한 잘 하지 않는 일이기 때문에 읽은 책에 대한 기억을 가다듬을 기회는 별로 없다.

독후감을 쓰는 것이 번거롭다면 책을 읽는 동안이라도 열심히 내용에 대한 상상을 하고 묘사를 이미지화하는 것이 좋다. 이것으로 독후감을 쓴 것 못지않게 오래도록 책에 대한 기억을 간직할 수 있게 된다. 내용을 상상 또는 영상화하며 책 읽기는 속독 능력 배양의 필수 요건이다. 따라서 정독으로 책을 읽는 경우라 하더라도 내용에 대한 장면 연상하기를 습관화하기 바란다.

　책을 읽는다는 것은 간접 경험의 기회를 가지는 것이다. 비록 간접적인 경험이라 할지라도 충분한 상상과 감정의 이입이 이루어지면 자신의 내면에 유기적으로 연결되고 서서히 본인의 것과 합쳐진다. 이를 스키마 형성이라 한다.

02

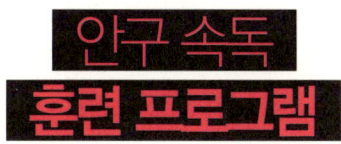

안구 활성화 훈련

둘째 손가락을 세우고 손가락 끝이 눈과 수평이 되도록 하여 두 눈과 일직선상에 위치하도록 몸 쪽으로 당겨서 어깨 너비로 벌린다. 이렇게 하고 눈을 좌우로 움직일 때 손가락 끝을 본다는 느낌으로 안구 훈련을 하는데, 왼쪽 손가락을 보면 오른쪽 손가락이 안 보여야 하고, 반대로 오른쪽을 보면 왼쪽 손가락이 안 보여야 한다. 손가락을 세우는 이유는 가능한 한 눈이 수평으로 움직이는 데 도움을 주기 위해서이다.

훈련 초기에는 안구가 힘이 없는 상태이기 때문에 눈동자만 움직이고 싶지만 잘 되지 않는다. 온 몸이 따라 움직이는 사람, 고개가 좌우로 따라 움직이는 사람, 그도 아니면 입 속에서 혀가 눈동자를 따라 좌우로 움직이는 사람 등 안구만 좌우로 움직이는 것을 깨나 힘들어한다. 이것은 충분한 연습이 필요하기 때문에 급하게 서두르는 것은 도움이 되지 않는다. 안구를 움직이는 근육에 힘이 붙을 때까지 차분히 훈련을 하면 된다.

간혹 눈이 큰 사람들 중에 안구를 좌우로 움직이려 하면 수평으로 움직이지 못하고 눈동자가 빙글빙글 도는 사람이 있다. 이런 사람은 상당히 힘들게 훈련을 할 수밖에 없는데 대안으로 컴퓨터 모니터의 위의 테두리와 좌우 모서리를 따라 천천히 움직이며 안구 운동을 하도록 지도한다. 모서리 사이를 왔다 갔다 할 때는 테두리에서 눈을 떼지 않은 상태로 왔다 갔다 하며 훈련한다. 안구를 수평으로 움직일 수 있게 되기까지는 일반적인 안구 활성화 훈련은 하지 않는다.

개그맨 이경규 씨가 눈을 좌우로 빠르게 굴리는 것을 본 적이 있을 것이다. 딱 그 상태가 안구 활성화 훈련으로 만들어야 할 목표이다. 아침에 눈을 뜨고 천장의 양 모서리를 보며 5분, 점심 먹고 먼 산을 바라보며 5분, 삼사리에 누워 잠들기 전에 5분 이렇게 하루 세 번 부지런히 훈련하면 보다 빨리 안구를 둘러 싼 근육에 힘을 붙일 수 있다. 나의 경우 안구 활성화가 잘 되지 않고 속도가 늘지 않는 기간이 한참 지속되었는데 속독 훈련 과정에서 이때 처음 슬럼프를 겪었다. 속독 훈련 중 실력이 정체되는 슬럼프는 몇 번씩 찾아오는데, 굴하지 말고 묵묵히 훈련을 지속하는 것만이 해결책이다.

황소 돌격형 자세

턱을 약간 당기고 크게 눈을 부릅뜨고 안구에 잔뜩 힘을 준 상태이다. 이렇게 하면 안구가 상당히 긴장되기 때문에 더욱 초점을 정확히 맺을 수 있다. 황소 돌격형 자세로 하는 훈련에는 장시간 응시 훈련, 점 세기 훈련, 미로 찾기 훈련 등이 있다. 안구의 정확도를 요하는 훈련 대부분은 이 자세를 기본으로 한다. 해보면 알겠지만 눈을 부릅뜨고 약간 힘을 주고 글을 보면 왠지 더 많이 더 잘 보이는 것 같은 느낌이 든다. 나의 경우 응시 훈련을 할 때 30분간을 눈 한 번 깜박이지 않고 황소 돌격형 자세를 유지하며 훈련을 했다. 그러나 안구건조증이 있을 경우에는 장시간의 응시 훈련은 하지 않아야 한다.

점 세기 훈련

점 세기 훈련은 안구의 정확도를 향상시켜 줄 뿐만 아니라 기존에 습관화된 안구의 행동 패턴을 변화시켜 준다. 속독 훈련을 하지 않은 경우에는 백이면 백 글줄을 볼 때 안구가 점핑 현상을 나타낸다. 점 세기 훈련은 속독 훈련에서 아주 중요하다. 그만큼 정성껏 훈련해야 한다.

점 세기 훈련을 정확히 해내면 안구가 점핑하는 현상이 사라진다. 그만큼 피사체를 정확히 볼 수 있는 능력을 갖추게 된 것이다. 점 세기 훈련을 거듭하다 보면 다음과 같은 현상들을 경험하게 된다.

보통 버스나 자동차 등 흔들림이 있는 곳에서 글을 읽으면 어지럽거나 멀미가 나는 현상을 경험하게 된다. 초점을 맺고 있는데 차량의 흔들림으로 피사체가 계속 같이 흔들리기 때문에 안구는 양 눈의 초점이 흩어지고 이 현상이 반복되면 두뇌는 고통스러워진다. 그런데 점 세기 훈련을 거듭하면 안구가 피사체를 찾아 초점을 맺는 능력이 향상되므로 멀미가 나는 현상이 사라진다.

또한 여러 곡선이 뒤엉킨 선 이어가기나 미로 찾기 등이 어려운 것은 눈의 점핑 현상 때문이다. 점 세기 훈련을 하면 도구를 사용하지 않고 눈으로만 보고 찾아가는 것을 어렵지 않게 해내게 된다. 점 세기 훈련을 통하여 안구의 정확도가 향상된 것을 결과적으로 반증한다.

미로 찾기 훈련

1. 점세기 훈련을 통하여 향상된 안구의 정확도를 확인하는 훈련이다.
2. 눈을 깜박이지 말고 황소 돌격형 자세를 유지하여 길을 찾는다.
3. 안구의 초점 맺기 능력과 점핑 현상이 사라졌는지 확인한다.
4. 가능하면 펜 등을 사용하지 말고 눈으로만 끝까지 찾아가 본다.
5. 그냥 재미로 하는 것이 아닌 속독 훈련임을 알고 신중히 한다.
6. S에서 시작하여 E로 나온다.

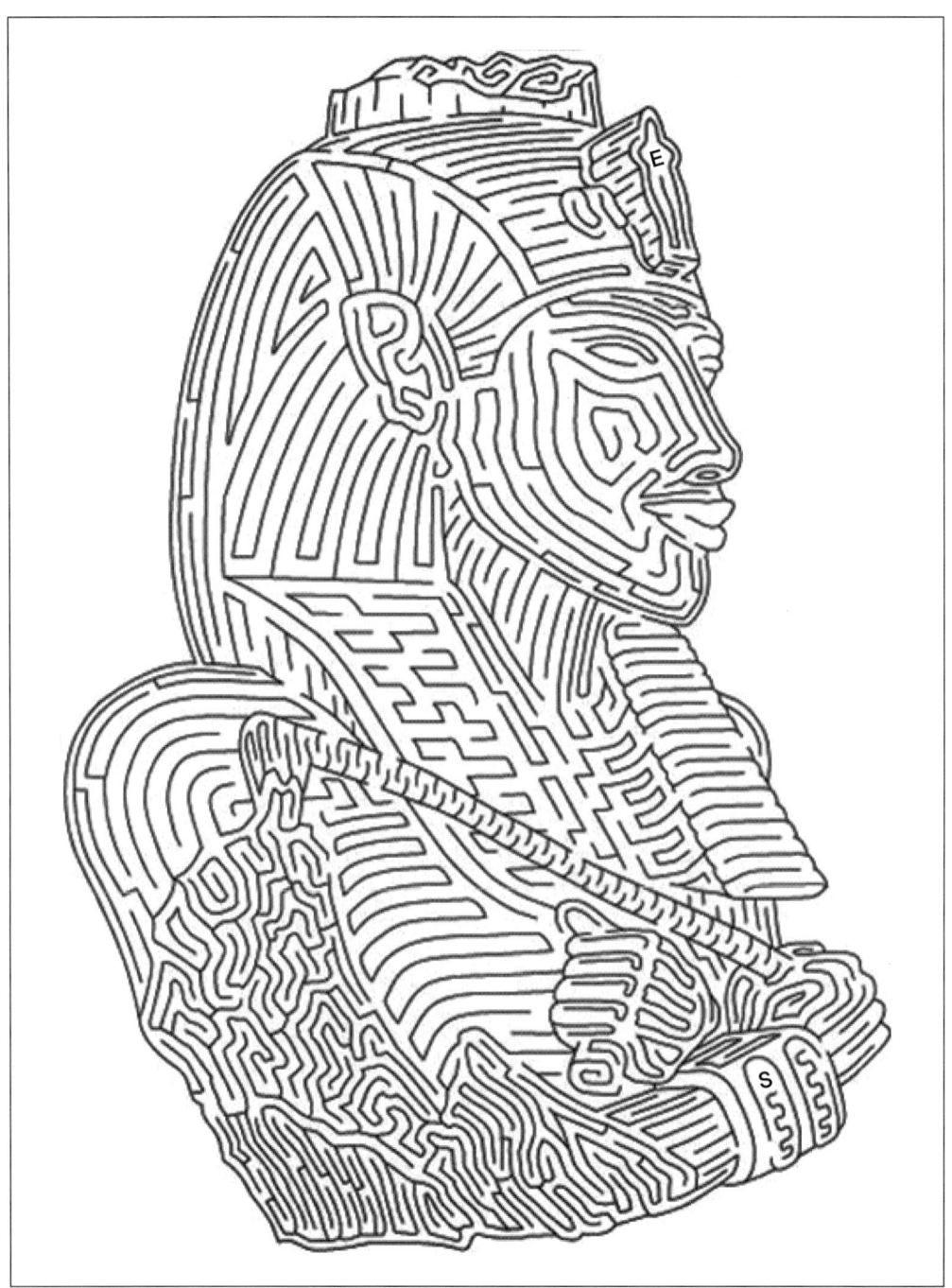

독서 시야 확대 훈련

- 왼쪽과 오른쪽의 글자를 보고 단어를 인지하는 훈련이다.
- 눈은 좌우로 움직이는 것이 아니라 왼쪽 눈은 왼쪽 글자, 오른쪽 눈은 오른쪽 글자만 보며 계단식으로 아래로 내려간다는 생각으로 훈련한다.
- 최대한 빠르게 속발음을 하며 보아 나간다.
- 좌우로 안구를 움직일 때 큰 폭으로 움직이지 않도록 한다.
- 한 번에 반 줄을 보는 훈련과 연계한다.
- 글자를 보려고 하지 말고 그 글자가 속한 네모 칸 속의 점을 보아 내려간다.
- 보는 것은 점이지만 점 옆의 글자들이 무엇인지 읽어 낼 수 있어야 한다.
- 훈련이 익숙해지면 네모 칸 전체를 본다.
- 단어에 대한 이미지를 빨리 떠올린다.
- 속독을 할 때 독서 시야를 확장하고 안구가 무의식적으로 글줄을 건너뛰는 현상을 없애 더욱 정확한 독서가 가능하도록 하는 훈련이다.
- 처음부터 끝까지 중간에 멈춤 없이 빠르게 읽어 가기를 반복한다.

은	●	●	혜
액	●	●	자
두	●	●	목
편	●	●	지
익	●	●	살
토	●	●	종
포	●	●	장
국	●	●	기
맹	●	●	주
숙	●	●	제
파	●	●	도
투	●	●	수
바	●	●	퀴
양	●	●	심
푸	●	●	들
가	●	●	지
대	●	●	문
다	●	●	락
인	●	●	사
감	●	●	시
피	●	●	로
타	●	●	잔
커	●	●	피
낙	●	●	타
냉	●	●	정
순	●	●	수
수	●	●	렵
정	●	●	상
완	●	●	전
억	●	●	척
각	●	●	시
배	●	●	웅
슬	●	●	품

노	●		●	력
침	●		●	몰
하	●		●	늘
우	●		●	주
혹	●		●	성
분	●		●	자
가	●		●	년
매	●		●	주
털	●		●	신
진	●		●	품
배	●		●	달
함	●		●	정
소	●		●	다
국	●		●	자
아	●		●	내
명	●		●	심
성	●		●	벽
태	●		●	풍
파	●		●	편
대	●		●	기
차	●		●	표
농	●		●	부
어	●		●	장
선	●		●	장
본	●		●	드
시	●		●	험
복	●		●	사
폐	●		●	품
엉	●		●	망
탈	●		●	출
집	●		●	중
행	●		●	복
자	●		●	만

공	●	●	룡
튀	●	●	김
팽	●	●	권
왕	●	●	관
간	●	●	장
김	●	●	치
구	●	●	강
마	●	●	법
벽	●	●	지
낙	●	●	지
기	●	●	린
하	●	●	품
탱	●	●	자
칠	●	●	판
치	●	●	장
감	●	●	자
세	●	●	종
유	●	●	리
우	●	●	엉
가	●	●	방
맥	●	●	주
안	●	●	경
생	●	●	쥐
앵	●	●	두
난	●	●	로
당	●	●	면
추	●	●	방
구	●	●	명
통	●	●	곡
이	●	●	사
질	●	●	문
시	●	●	찰
방	●	●	편

피	●	●	서
탐	●	●	정
맹	●	●	세
평	●	●	균
차	●	●	량
정	●	●	략
목	●	●	숨
궁	●	●	지
심	●	●	사
갱	●	●	생
난	●	●	민
자	●	●	매
소	●	●	름
미	●	●	안
냉	●	●	정
관	●	●	심
피	●	●	곤
책	●	●	임
임	●	●	무
누	●	●	추
고	●	●	립
파	●	●	생
투	●	●	자
수	●	●	습
대	●	●	역
잠	●	●	수
후	●	●	회
개	●	●	념
숙	●	●	성
발	●	●	주
괴	●	●	성
침	●	●	묵
승	●	●	리

엉	●	●	망
투	●	●	자
편	●	●	드
노	●	●	비
역	●	●	사
추	●	●	측
해	●	●	결
사	●	●	면
검	●	●	시
녹	●	●	봉
파	●	●	면
토	●	●	성
긍	●	●	정
포	●	●	만
배	●	●	후
타	●	●	락
낭	●	●	패
구	●	●	습
잔	●	●	상
성	●	●	품
애	●	●	정
실	●	●	망
격	●	●	돌
익	●	●	살
보	●	●	수
내	●	●	력
시	●	●	선
침	●	●	울
양	●	●	심
도	●	●	덕
일	●	●	률
과	●	●	밀
만	●	●	족

한쪽 페이지 훈련

말 그대로 페이지 한 면을 가지고 훈련을 하는 것이다. 동그라미 기호가 나와 있는 페이지의 제일 위에서부터 동그라미를 보면서 내려가는 훈련이다. 그렇다고 그냥 무작정 보아 내려오는 것이 아니라 제일 왼쪽에 있는 동그라미와 제일 오른쪽에 있는 동그라미만 보면서 내려온다. 중간에 있는 동그라미들은 굳이 보려고 신경 쓰지 않아도 된다. 무조건 제일 오른쪽에 있는 동그라미와 제일 왼쪽에 있는 동그라미만 보고 내려오도록 훈련을 한다. 중간에 있는 동그라미들은 단지 흐려지지 않게 보이면 된다.

좌우로 동그라미를 보아 나갈 때 두 눈이 다 이동하여 양쪽에 있는 하나의 동그라미를 본다는 생각으로 훈련을 하면 안구가 많이 움직이게 되므로 힘이 들 뿐만 아니라 본질적인 실력 향상을 기대하기도 어렵다. 해보면 알겠지만 안구의 움직임이 크면 보아 나가는 데 시간적으로 상당한 손해를 본다.

왼쪽 눈은 왼쪽 동그라미를 계단 내려오듯이 보아가고 오른쪽 눈은 오른쪽 동그라미를 계단 내려오듯이 보아 내려간다는 느낌으로 훈련한다.

이런 마음가짐으로 훈련을 한다 하더라도 실제 안구는 좌우로 미세하게 움직이는 상태를 나타내며 양쪽 동그라미 사이에 있는 나머지 동그라미도 당연히 인지할 수 있다.

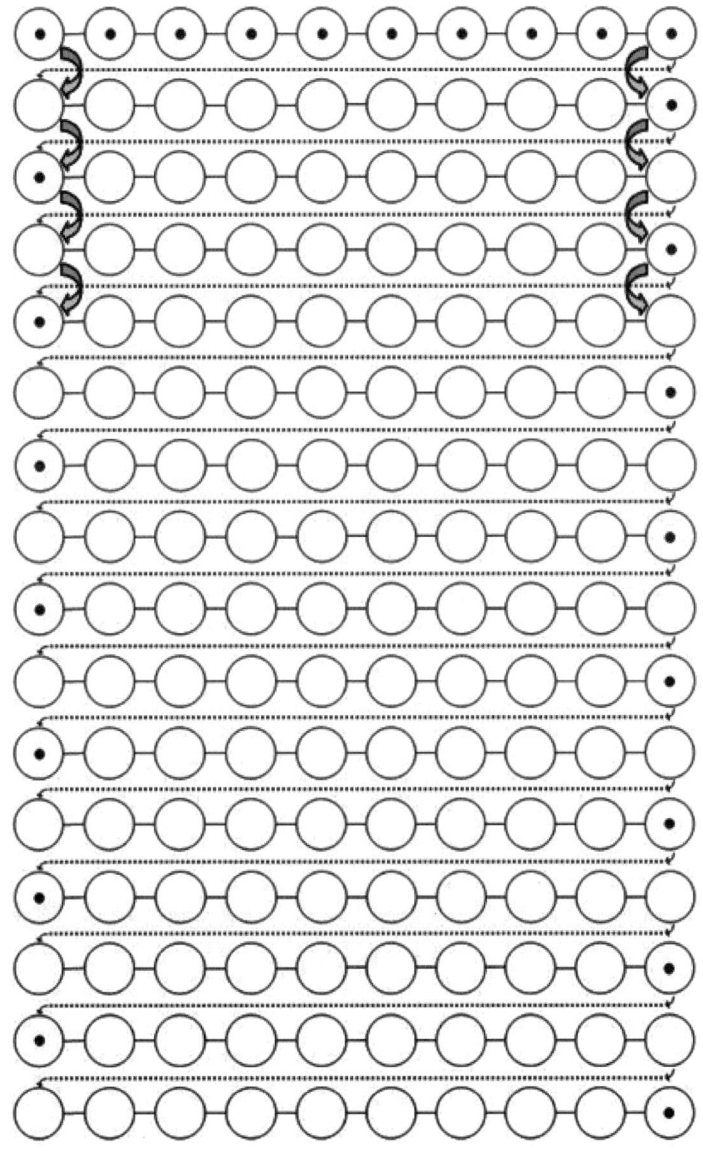

양쪽 페이지 훈련

한쪽 페이지 훈련을 하는 방법과 같지만 훈련을 할 때 한쪽 페이지로 하는 것이 아니라 양쪽 페이지를 이용해서 하는 훈련이다.

동그라미 기호표 페이지를 펼쳐 놓고 양쪽을 넓게 한 번 보자. 그리고 왼쪽 페이지의 제일 왼쪽에 있는 동그라미와 오른쪽 페이지의 제일 오른쪽에 있는 동그라미만 한 줄씩 보면서 내려간다. 한쪽 페이지의 훈련에 비해 안구의 운동량이 훨씬 많아진다. 한 줄 한 줄 정확하게 보면서 내려가도록 한다. 중간에 있는 동그라미들은 마찬가지로 신경 쓸 필요는 없겠지만 흐려져서는 안 된다.

양쪽 페이지 훈련은 글을 보아 낼 수 있는 시폭을 확대하기 위한 훈련이다. 따라서 좌우로 안구가 움직이는 폭에 유의한다. 폭이 넓어졌다고 덩달아 안구가 움직이는 폭이 커져 버린다면 시폭을 확대하기 위한 훈련의 의미가 없다.

양쪽 페이지 훈련이라 할지라도 안구의 움직이는 폭은 한쪽 페이지를 볼 때 정도로 유지하는 것이 좋다. 즉 한쪽 페이지만큼의 안구 운동폭을 가지면서 양쪽 페이지 양 끝에 있는 동그라미들을 보아 내는 느낌으로 훈련을 하는 것이다. 폭이 넓기 때문에 좌우의 동그라미를 보기 위해서 안구를 많이 움직였다가는 직선상의 반대편 동그라미를 정확히 찾아가지 못하고 한 줄 아래나 한 줄 위의 동그라미를 보게 되는 경우도 발생한다. 훈련이 정확하게 이루어질 수 있도록 세심한 마음가짐으로 훈련한다.

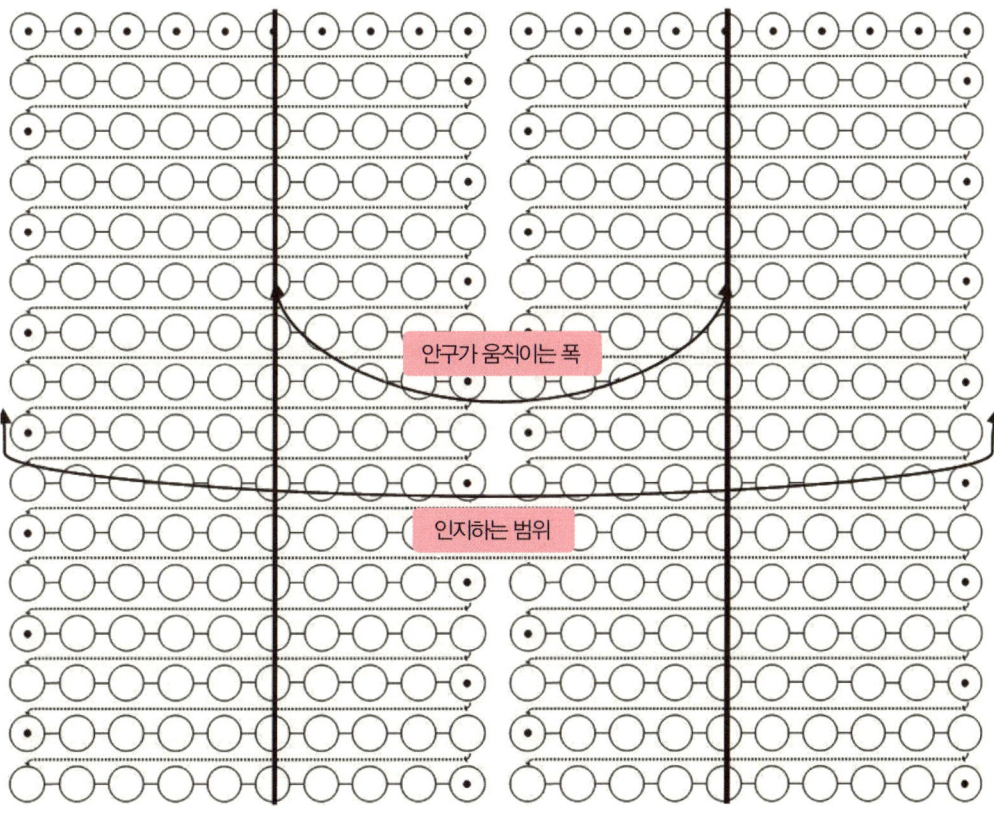

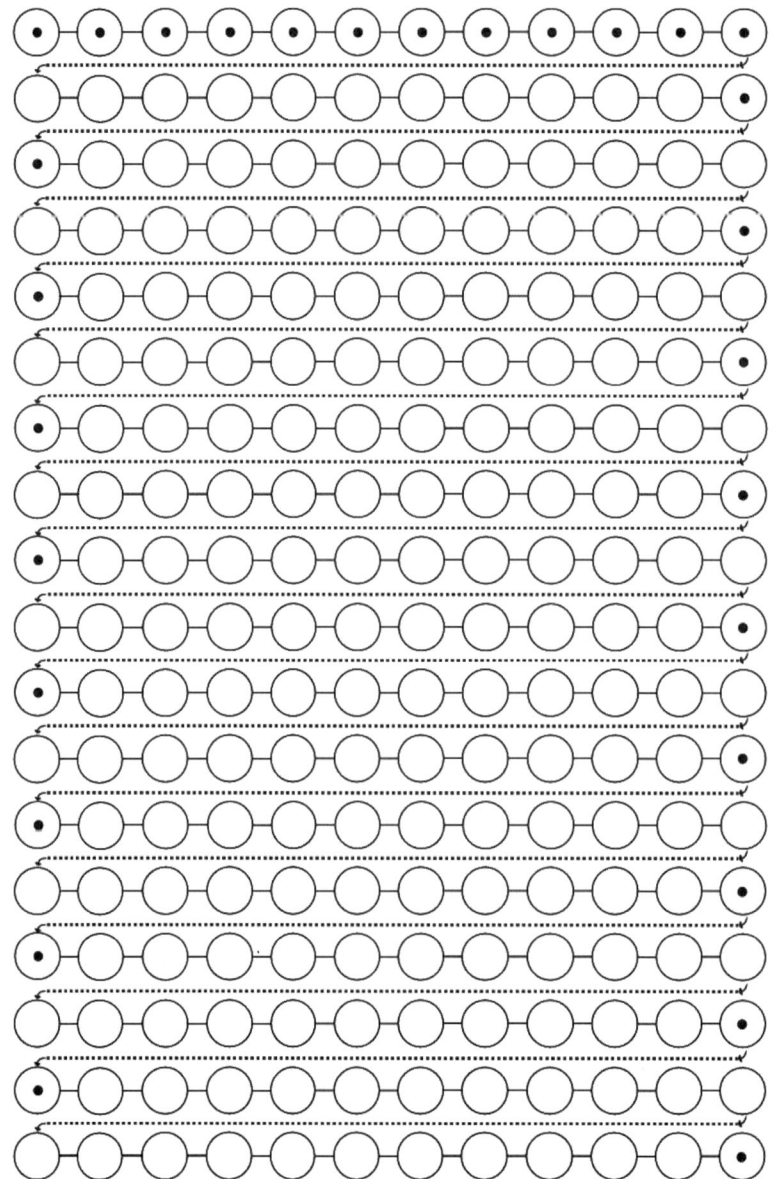

126

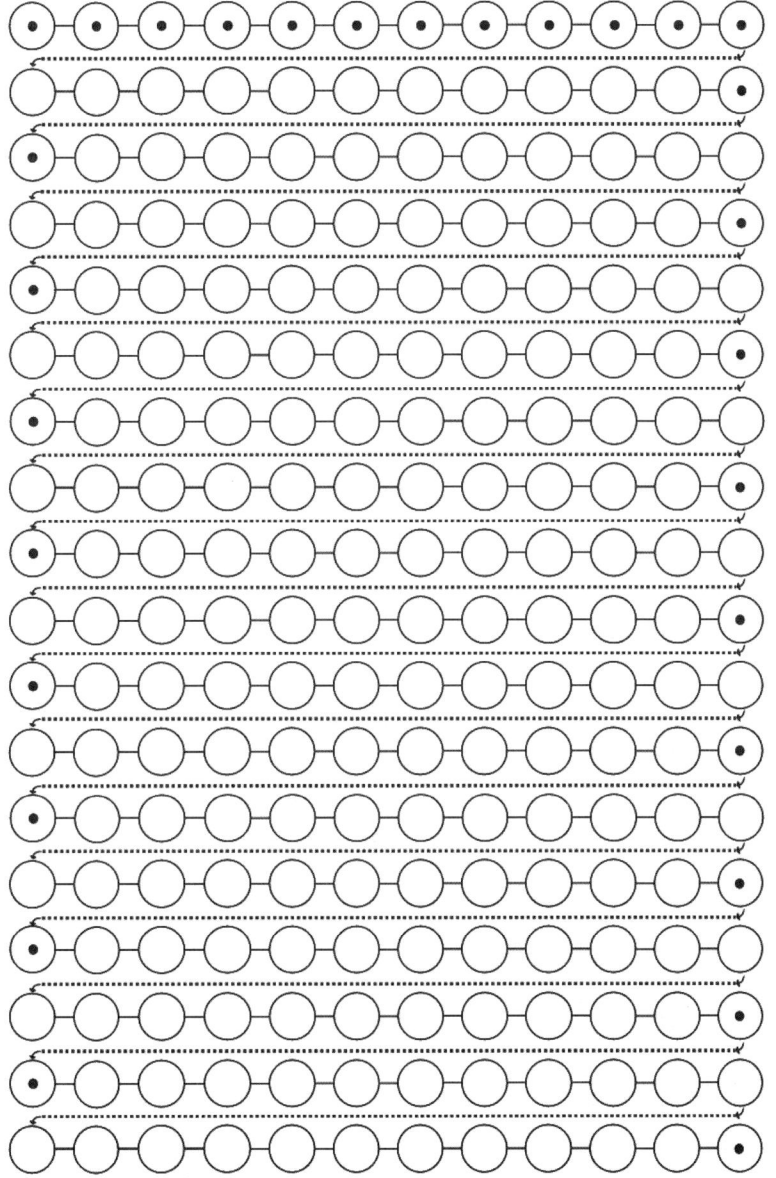

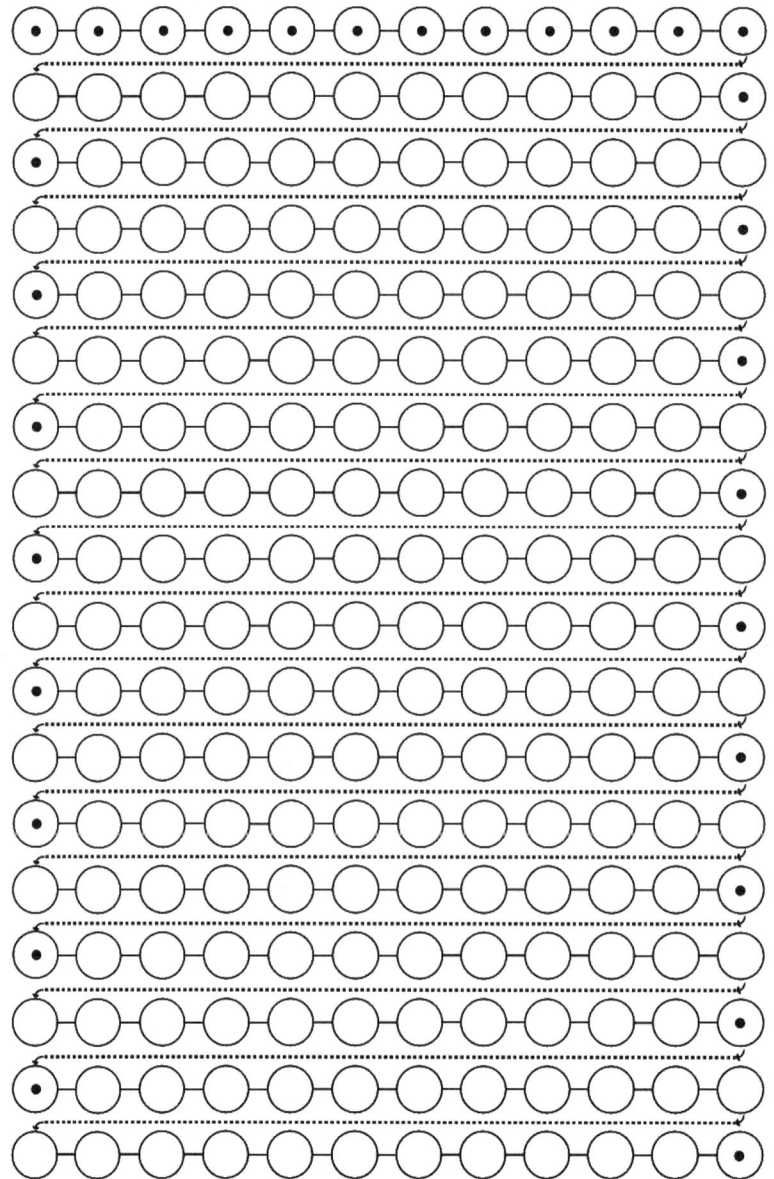

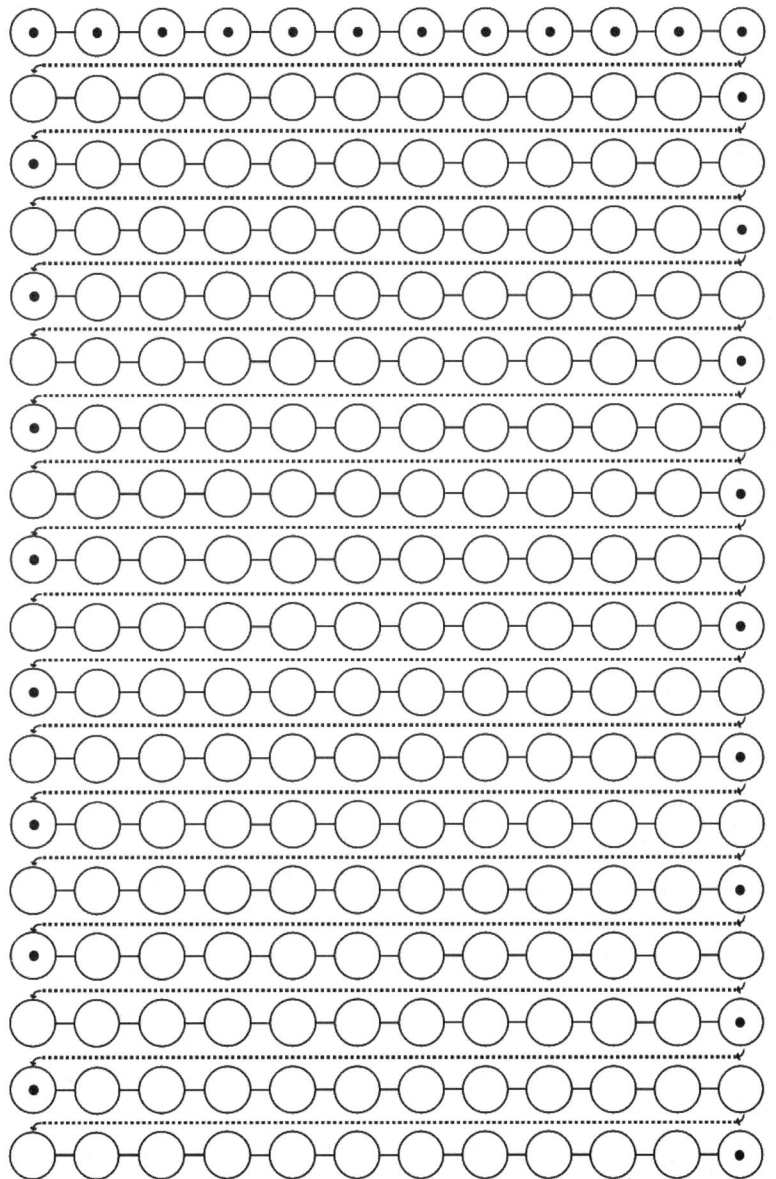

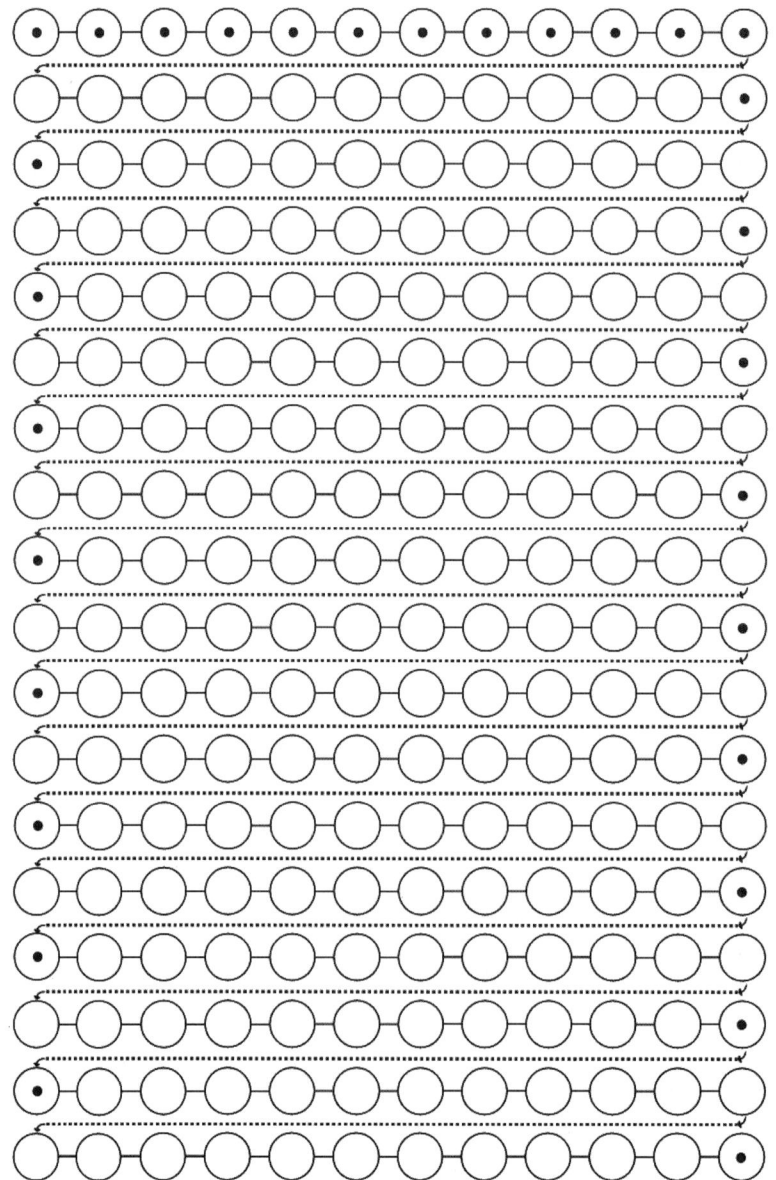

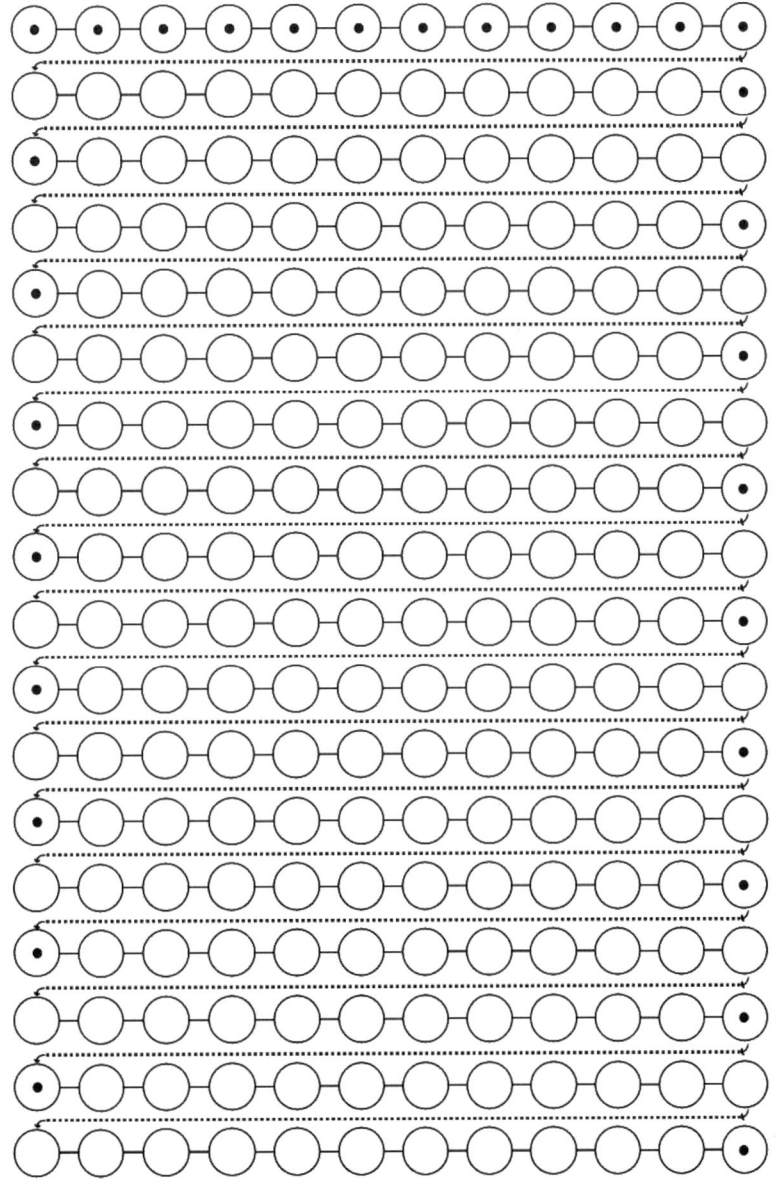

두 줄 한쪽 페이지 훈련

두 줄 보기 훈련의 특징은 한 번에 두 줄을 본다는 느낌으로 훈련하는 것이다. 동그라미 기호표를 보면 좌우로 점이 찍혀 있다. 왼쪽 편은 제일 위에서부터 한 줄 건너서 찍혀 있고, 오른쪽은 두 번째 줄부터 한 줄 건너서 찍혀 있다. 이 점이 찍혀 있는 두 줄씩을 한 묶음으로 본다. 찰나적으로 양쪽에 찍어 놓은 점이 시야 속에 스치듯 지나가면 된다.

두 줄을 볼 때 옆 그림의 표시처럼 안구를 사선으로 움직인다면 상당히 부담스럽고 답답한 훈련이 되어 버린다. 사선을 따라 한 번 눈을 움직여 보자. 상당히 어색할 것이다.

두 줄 보기 훈련의 관건은 두 줄만 보이는 상태를 만드는 것이다. 기호표에서 두 줄만 보인다고 생각하며 가만히 들여다보면 서서히 두 줄만 보이게 된다. 이는 물론 착시 현상이다. 두 줄이 보이면 이번에는 왼쪽 아래위 2개의 동그라미와 오른쪽 아래위 2개의 동그라미를 동시에 본다는 생각으로 최대한 빠르게 보면 안구는 좌우로 미세한 움직임을 나타낸다. 이 상태에서 두 줄을 복사하여 내려온다는 마음으로 나머지 줄들을 보아 간다.

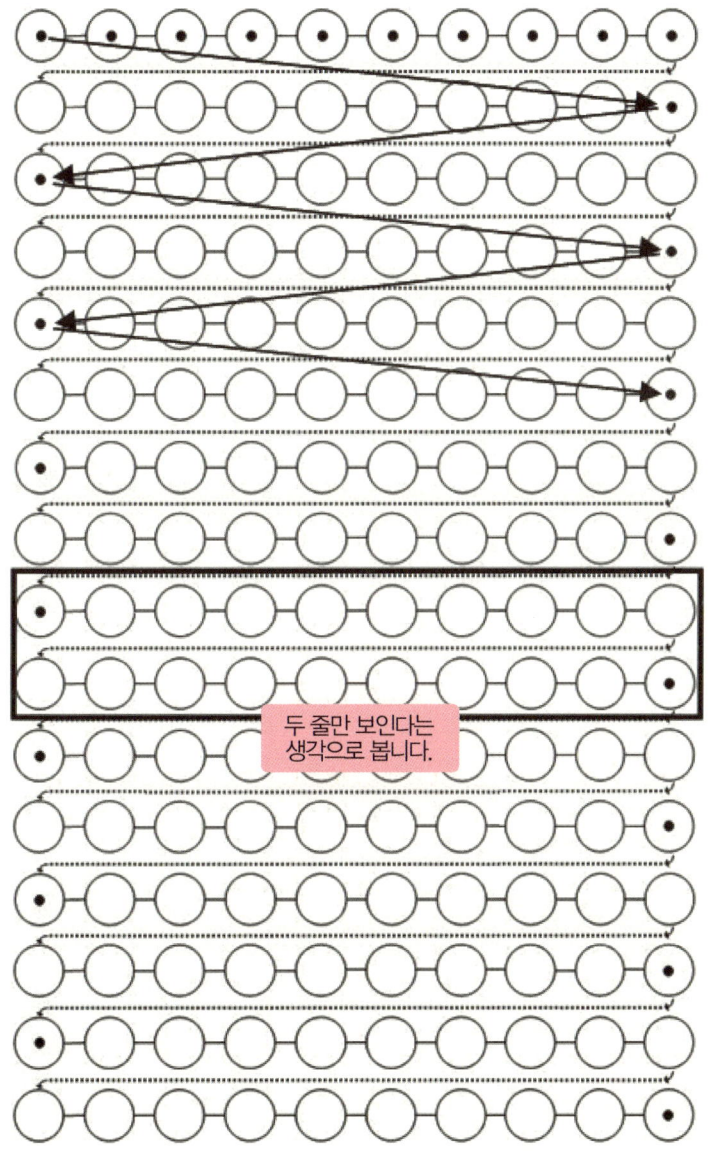

두 줄만 보인다는
생각으로 봅니다.

 ## 속독 훈련 기호표 & 응시 훈련 방법

속독 훈련 기호표

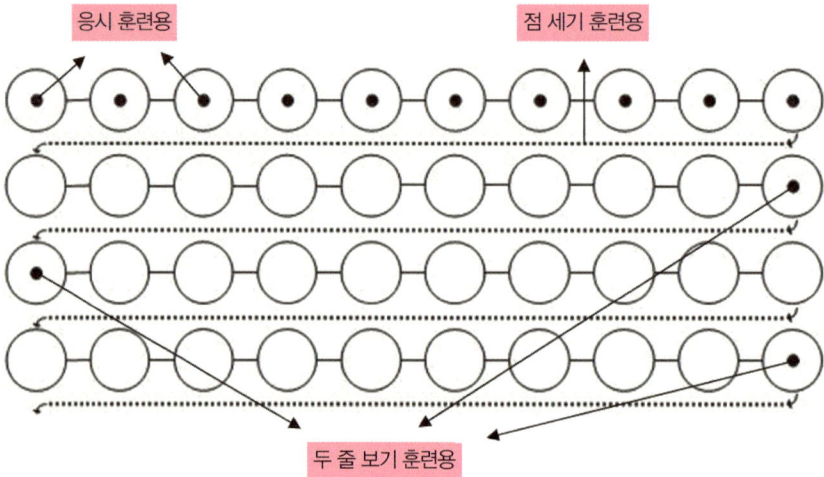

속독 훈련 기호표에 대한 실명

제일 위 줄의 동그라미에는 중간에 점이 찍혀 있다. 응시 훈련을 할 때 이용하기 위해서이다. 응시 훈련이란 말 그대로 일정 시간 한 점을 바라보는 것을 말한다. 단 이때 눈을 깜박이면 안 되기 때문에 고통이 수반되는, 상당히 힘든 훈련이다.

양 가장자리는 한 칸씩 건너 내려오면서 점이 찍혀 있다. 이는 두 줄 보기 훈련을 위해 사용된다. 찍힌 점은 두 줄씩 보아 가는 데 필요한 마크의 역할을 한다.

동그라미와 동그라미 사이를 보면 점선이 있다. 이 점선의 작은 점들을 사용해서 점 세기 훈련을 한다.

응시 훈련에 대한 설명

1. 응시 훈련용 점 하나를 황소 돌격형 자세로 3분간 뚫어지게 본 다음 눈에 힘을 빼지 않는 상태를 유지하며 선을 따라 옆의 점으로 이동한다.
2. 눈물과 콧물이 많이 흐르게 되는데 점에서 시선을 떼지 말고 그냥 휴지로 닦아 내면서 훈련을 지속한다.
3. 안구의 힘이나 초점 맺는 능력, 초점 유지 능력 향상에 탁월하다.

03

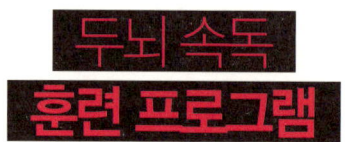

정신을 집중하고 고요한 마음 상태가 되면 뇌파는 미드 알파파가 우세하게 된다. 미드 알파파란 8~10Hz에 해당하는 뇌파이다. 미드 알파파가 나올 때 기억력과 집중력이 최대인 누뇌 상태가 된다. 고요한 두뇌 상태는 속독에서 필수 요건이다. 그 때문에 대부분의 속독 교재에서 그다지 어울리지 않지만 명상 훈련이라든지 단전호흡법에 대한 설명을 하는 것이다. 심신의 안정을 위한다면 간단한 복식 호흡 정도면 무리가 없다.

명상이나 단전호흡을 잘못하면 나타나는 부작용에 대한 언급은 없이 짧은 지면을 할애하여 해당 내용을 소개하고 학습자가 해볼 것을 권유하는데 이는 위험한 발상이다. 혹시 속독이나 집중력 향상을 위해 전문가의 지도 없이 단전호흡을 하려는 사람이 있다면 자제하기 바란다. 속독 훈련에서는 그에 어울리는 뇌파 안정화 및 활성화 방법이 제시되는 것이 타당하다. 다음에 소개하는 페이지 메이킹 훈련은 그 최선책이 될 것이다.

페이지 메이킹 훈련

동그라미 기호표를 보면 동그라미가 한 줄에 10개이고 총 16줄로 구성되어 있다. 전부 160개의 동그라미이다. 이 동그라미를 차례로 떠올리는 훈련을 하는 것이 페이지 메이킹 훈련이다. 우선 제일 윗줄 좌측에서부터 하나하나 떠올려 보자. 그렇게 한 줄 10개의 동그라미를 다 떠올린다. 지금 바로 눈을 감고 해보자. 동그라미가 보이는가? 고도의 정신 집중이 아니면 한 줄을 정확하게 떠올리기조차 힘이 든다.

한 줄을 다 떠올렸다면 그 한 줄 중 동그라미를 3개씩 한 묶음을 만들어 보자. 다음 4개씩 묶어 떠올려 보자. 그 다음 5개씩 묶어 떠올려 보자. 해보면 알겠지만 그렇게 만만한 훈련이 아니다. 여기서 주의할 것은 떠올릴 때 4개를 한 묶음으로 했든, 5개를 한 묶음으로 했든 간에 한 줄의 10개 동그라미가 다 보이는 상태여야 한다는 것이다. 한 줄을 그렇게 마음대로 몇 개씩의 묶음으로 나누었다 풀었다 할 정도가 되면 이미 뇌파는 미드 알파파의 상태로 진입한다.

그 다음부터는 지금 떠올린 한 줄을 복사한다는 마음으로 아래쪽으로 한 줄씩 만들어 간다. 물론 10개의 동그라미를 떠올린 상태를 유지한 채로 해야 한다. 그렇게 해서 마음속으로 완전한 한 페이지를 만들어 본다. 한 줄당 10개의 동그라미를 가진 16줄의 한 페이지를 떠올려야 한다. 총 160개의 동그라미를 마음의 눈으로 보고 느끼는 것이다. 이 페이지 메이킹 훈련은 우뇌를 엄청나게 자극해서 집중력을 향상시킨다. 물론 처음에는 대부분 이 훈련을 해내지 못한다. 우뇌가 아직은 능력을 갖추고 있지 않기 때문이다. 상당히 힘들어서 구역질이 날 것 같다고 말하는 사람도 있을 정도이다. 하지만 페이지 메이킹 훈련을 꾸준히 하게 되면 나중에는 스스로 그 진가를 경험하게 된다. 분명히 많이 힘든 훈련이기는 하지만 성공할 때까지 연습해 보기 바란다.

1. 한 줄 10개의 동그라미를 인지하며 떠올려 본다.
2. 10개의 동그라미를 3개씩 또는 4개씩만 인지하며 떠올린다.
3. 20개의 동그라미를 본다는 생각으로 한 줄을 복사해서 아래로 붙인다.
4. 먼저 떠올렸던 두 줄을 복사하여 아래쪽으로 붙인다. 동그라미의 수를 세어 본다. 이런 식으로 8줄을 만들고 16줄을 만들어 가면서 한 페이지를 만든다.

페이지 메이킹 훈련의 관건은 이미지들을 가능한 한 선명하게 떠올려야 하며, 복사해서 붙여 갈 때마다 동그라미의 개수를 세어야 한다는 것이다. 따라서 한 페이지를 다 만들고 나면 처음부터 끝까지 160개의 동그라미를 세어 본다. 수를 세어 나갈 때 지나온 앞의 이미지가 선명하게 유지되어야 한다. 고도의 집중력과 많은 시간을 요하는 개인 훈련이기 때문에 마음을 편히 하고 조용한 상태에서 살짝 눈을 감고 천천히 호흡을 하면서 한다. 페이지 메이킹 훈련을 하면 뇌파 안정은 물론 우뇌의 이미지화 능력도 상당히 향상된다.

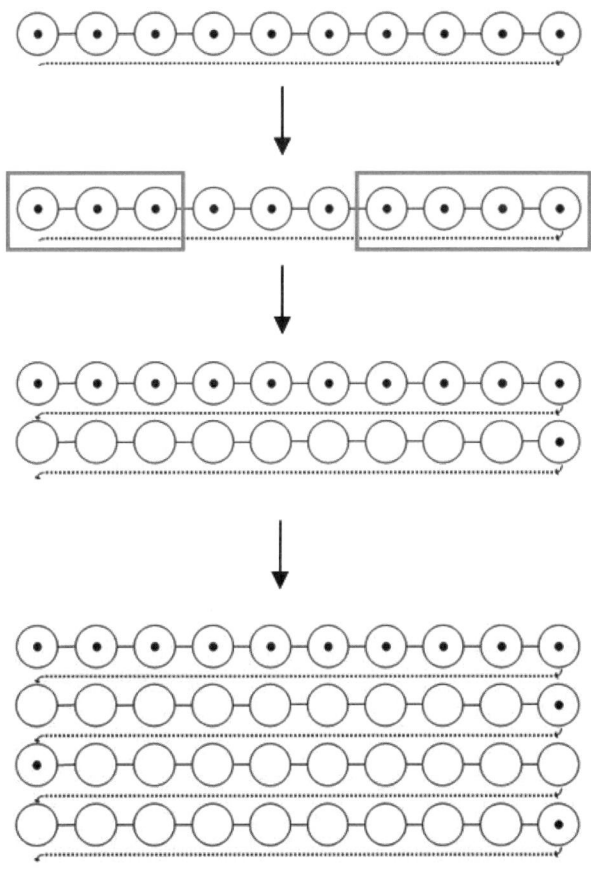

순간 이미지화 훈련

　내용을 보고 이미지화(영상화)하는 훈련은 두뇌 속독에서 가장 중요한 훈련이다. 학습자 스스로 훈련의 중요성을 인식하고 거듭 반복하여 훈련에 임해야 한다. 가끔 묘사된 문장의 이미지화를 상당히 힘들어하는 사람들을 볼 수 있는데 본 편에서 제시하는 예문들로 꾸준하게 이미지화하는 훈련을 하다 보면 점차 발전해 가는 자신의 모습을 확인할 수 있다.

　다음에 제시하는 이미지화 훈련용 예문들을 읽고, 가능하면 현실처럼 이미지화시켜 보기 바란다. 여기서 현실처럼이란 색깔, 냄새, 맛, 촉감, 소리의 5가지 심상을 총칭한다. 표현한 것에서 느낄 수 있는 모든 자극 요소를 실제와 같은 느낌으로 받아들여 보도록 한다. 주심상을 먼저 이미지화한 다음에 심상의 확장 부분을 빠르게 보고 이미지를 재확장하는 연습을 한다.

주심상	심상의 확장
꽃대궁	마궁들이 물빛으로 흔들리고
비린내	피라미 은빛 비린내 문득 번진 둑방길
강나루	내 마음 강나루 긴 언덕에 서러운 풀빛이 짙어 오겠다
얼음장	설피 얼은 얼음장 밑에서도 고기가 숨쉬고
붉은 산수유	아, 아버지가 눈을 헤치고 따 오신 그 붉은 산수유 열매
먹구름	천둥은 먹구름 속에서 또 그렇게 울었나 보다
진달래 꽃비	피리 불고 가신 님의 밟으신 길은 진달래 꽃비 오는
숱 많은 머리털	외할아버지의 숱 많은 머리털과 그 커다란 눈이 나는
파도	바람이 파도를 밀어 올리듯이 그렇게 나를 올려 다오
밤바람 소리	질화로에 재가 식어지면 비인 밭에 밤바람 소리
풀섶 이슬	함부로 쏜 화살을 찾으려 풀섶 이슬에 함초롬 휘적시던
따가운 햇살	사철 발 벗은 아내가 따가운 햇살을 등에 지고 이삭 줍던
초라한 지붕	서리 까마귀 우지짖고 지나가는 초라한 지붕
밤비	밤비는 뱀눈처럼 가는데 페이브먼트에 흐느끼는 불빛
입김	열없이 붙어 서서 입김을 흐리우니 길들은 양 언 날개를
아우성 소리	낯설은 거리의 아우성 소리 까닭도 없이 눈물 겹구나
푸른 종소리	성교당의 지붕 위에선 분수처럼 흩어지는 푸른 종소리
나그네	강나루 건너서 밀밭 길을 구름에 달 가듯이 가는 나그네
까만 눈동자	까만 눈동자 살포시 들어 먼 하늘 한 개 별빛에 모두고
낡은 고목	높으디 높은 산마루 낡은 고목에 못박힌듯 기대여
미끄러운 길	기진한 육신을 끌고 유리알처럼 미끄러운 이 길을 걷다가
가을 풍경	오색단풍이 절정을 이루며 축복하듯 떨어져 가는 가을 풍경
먼 산	나무들은 획획 형체도 없이 도망가고 먼 산만 오롯이
아지랑이	겨울을 물리친 강둑에 아물아물 아지랑이 피어오르고
뜨거운 커피	눈 오는 날 뜨거운 커피에 적신 크래커처럼 부서지던
형광등	단호히 더듬거리며 형광등 스위치를 내렸다 다시 올린다
등대 밑	죽일 놈의 고독은 취하지 않고 나만 등대 밑에서 코를 골았다
새빨간 노을	전신주 위 지나가던 구름이 새빨간 노을에 걸리었다

주심상	심상의 확장
밀감나무	밀감나무엔 게으른 윤기가 흐르고 여인과 함께 탄 버스는
들쥐	한 마리의 들쥐가 구멍을 빠져나와 다시 구멍으로 들어가는
풀밭	지갑을 풀밭에 던지고 바다가 시키는 대로 옷을 벗는다
새벽 달빛	아무리 걸어가도 끝없는 새벽길 새벽 달빛 위에 앉은 산
눈사람	겨울 빔 거리의 눈사람이 되었네 녹지 않는 눈사람이 뇌었네
별	한낮 숨은 별들이 고개를 내밀고 총총히 우리를 내려다본다
지는 해	저녁 강가에 서서 홀로 너를 보내고.. 해는 진다
묵묵히	흩어졌던 산안개가 다시 흩어질 때까지 묵묵히 선 이 자리에
녹슨 철조망	녹슨 철조망 사이로 오리떼들은 말없이 날아갔다 돌아오고
진줏빛 밤	노래를 불러다오 진줏빛 밤에 눈물이 마를 때까지
밤의 뜰	오래 달빛 흩어진 흰 밤의 뜰을 그림자 밟고 서성이네
여명(黎明)	여명에서 종이 울린다 새벽 별이 반짝이고 닭이 운다
고요한 물가	별은 고요히 물 위에 나리고 숲은 말없이 잠드나니
폭포	번개와 같이 떨어지는 물방울을 쏟아내는 저 폭포에
너른 벌판	금잔디 너른 벌엔 호랑나비떼 버들밭 실개천엔 종달새 노래
이방인	은은한 모닥불에 비춰지는 이방인의 파란 눈을 보면서
이사꾼	북쪽으로 가는 이사꾼 짐짝 위에 말없이 함박눈이 내리느니
돌담	돌담에 속삭이는 햇발같이 풀 아래 웃음 짓는 샘물같이
흰나비	활주로의 최후의 절정에서 흰나비는 돌진의 방향을 잊고
치가운 소주	새벽 쓰린 가슴 위로 차가운 소주를 붓는다
개천가	지나간 번갯불에 능수버들이 선 개천가를 달리는 사나이
논개	아리땁던 그 아미 높게 흔들리우며 그 석류 속 같은 입술
한숨	옛 맹세는 차디찬 티끌이 되어 한숨의 미풍에 날아갔습니다
깃발	저마다 손에 손에 깃발을 날리며 노래조차 없는 군중이 만세를
가로수	거물어지는 하늘을 보며 나의 키보다 얕은 가로수에 기대어
매화	지금 눈 내리고 매화 향기 홀로 아득하니 내 여기 가난한
청포도	내 그를 맞아 이 포도를 따 먹으면 두 손은 함뿍 적셔도 좋으련
논길	가르마 같은 논길을 따라 꿈속을 가듯 걸어만 간다

주심상	심상의 확장
산허리	어느새 곤한 잠에 취한 산허리에 불을 지른다
노란 은행잎	후드득 떨어지는 노란 은행잎, 황금 곡선 그리며 좌우로 흩어
쓸쓸한 길	가을아, 천천히 가자, 쓸쓸한 그 길 서글프지 않게
통증	비켜갔던 통증들이 꽃잎으로 되돌아온다
결별	단단해진 건 결별이 아닌 그리움이라고 되뇌이듯
돌멩이	물기 빠진 꽃잎 하나 밥알에 섞인 돌멩이처럼 딱딱하니 선다
목젖	뜨거운 액체 목젖을 타고 흘러내리면 알싸한 과거를 훑어 내며
둥지	나는 그 가슴에 둥지를 트는 한 마리 새가 되는 이야기를
풀섶	해지는 풀섶에서 우는 풀벌레들 울음소리 따라 길이 살아나고
흙길	꽃이 피는 작은 흙길에서 저녁 이슬들이 내 발등을 적시는
담쟁이	절망의 벽이라고 말할 때 담쟁이는 서두르지 않고 앞으로
우거진 잎새	빛나는 가지마다 우거진 잎새 사이로 흐르는 목소리
연못	깊은 겨울 연못에 비치는 검은 버드나무 그림자에
고요	무지갯빛으로 빛나는 하늘에서 크고 포근한 고요가 내려
가슴	우리 처음 만나던 날 가슴에 피어 오르던 바로 그 꽃
웃음소리	친구의 웃음소리가 강물의 끝에서도 들린다
어둠	사람을 떼어 놓는 그 어둠을 조금도 모르고 사는 사람은
장미꽃	마치 사랑하는 사람에게 장미꽃 한 다발을 받은 것보다
은발 머리	내 이마 위 금발머리 속에 은발머리가 섞여 빛나고 있어요
진실	우리가 늙어 죽기 전에 알아야 할 진실은 이것뿐
빈 들녘	모든 것이 빈 들녘의 바람처럼 세월을 몰고 다만 멀어져 갔다
용서	때로 용서하지 못하고 작별의 말조차 잊은 채로
꽃나무	고운 기침을 하는 꽃나무들 옆에서 덩달아 봄앓이를 하고 싶다
지저귐	고운 목청 돋우는 새들의 지저귐으로 봄을 제일 먼저 느끼게
유리창	유리창을 맑게 닦아 하늘과 나무와 연못이 잘 보이게 하고
사막	고비 사막을 걸어가는 낙타 탄 행상대(行商隊)에게나
오솔길	숲가의 나뭇가지가 금빛으로 타 오를 때, 오솔길을 따라 나는
연기	잡초를 태우는 연기가 들에 나부끼고, 흥겹게 뛰노는 아이들

주심상	심상의 확장
까마귀	저 산에도 까마귀, 들에 까마귀, 서산(西山)에는 해 진다고
풀벌레	가을엔 풀벌레이고 싶어요. 별빛을 등에 업고 푸른 목청 뽑아
감	당신의 것으로 바쳐 드리는, 불을 먹은 감이 되고 싶어요
휘파람	향기론 머리칼 노을을 타고 휘파람 불며, 손짓 하며
석류	사랑한다는 말 내신 잘 익은 석류를 쏘개 느릴게요
비누 향기	찬물에다 세수하다 말고 비누 향기 속에 풀리는 나의 아침
은하수	가끔은 꿈을 심어 주는 밤하늘의 은하수이기도 싶다
기도	파도 빛 가슴으로 서늘하게 깨어 있는 기도입니다
모란	모란이 뚝뚝 떨어져 버린 날, 나는 비로소 봄을 여읜 설움에
파문(波紋)	물위에 빛나던 파문(波紋)들 모아 품 안으로 조심스레 가둔 채
바위틈	내 마음의 바위틈에 흐르는 물소리를 들으며 일어서는
널빤지	목수는 널빤지를 재며 콧노래를 부르고 하나같이 가로수들은
흙바람	나는 흙바람 속에 조용히 내 몸을 접어두고 있었습니다
살구꽃	건넛산 언덕에 살구꽃들이 당신을 향해 피는 것까지도
가시덤불	사랑한다는 말은 가시덤불 속에 핀 하얀 찔레꽃의 한숨
고백	얼마나 놀랍고도 황홀한 고백인가. 서로 사랑한다는 말은
황사바람	그대 상실한 젊음 황사바람에 펄럭거릴 때 홀연히 음악이 죽어
초여름	햇빛 자욱하게 쏟아지는 어느 초여름 낯선 골목의 아늑한
엽서	그리운 사람에게 엽서를 쓸 때 예전에 못다 한 말들이 되살아나
가을 숲	불 꺼진 빙으로 들어실 때 문득 가을 숲을 스쳐가는 바람소리
눈빛	우리가 서로의 눈빛에서 확인하는 고마운 행복이여
피리 소리	어느 날 혼을 흔드는 아름다운 피리 소리가 들려올 테지요
나비	당신을 향한 맨 처음의 사랑, 불망의 나비입니다. 나는
고드름	수없이 얼어붙은 절망의 고드름들을 희망의 칼로 깨뜨리며
솜 털	하얗게 머리 풀고 솜 털 날리면 춤추는 나비들도 길 비켜 가네
도랑물	산골짝 도랑물에 섞여 흘러내릴 때 그 작은 물소리를 들으면서
가을비	어제 우리가 함께 사랑하던 자리에 오늘 가을비가 내립니다
겨울 산길	추억의 껍질 흩어진 겨울 산길에 촘촘히 들어앉은 은빛 바람이

인지능력 확대를 위한 만화책 보기 훈련

만화책으로 무슨 속독 훈련이 되는가 하고 물을 수도 있겠지만 훈련 초기에 문자와 내용을 빨리 인지해 내는 훈련으로 만화책 보기 훈련만 한 것이 없다. 만화를 많이 보게 되면 점점 만화 보는 속도가 빨라지는데 이는 말풍선의 내용을 인지하는 속도가 향상되기 때문이다. 게다가 만화책은 내용에 대한 그림이 주가 되기 때문에 문장 영상화 훈련으로도 제격이다.

속독 훈련을 위해 만화책을 볼 때는 말풍선의 내용을 문장을 읽듯 하지 말고 한 번에 말풍선 속의 내용 전체를 본다는 마음가짐으로 훈련한다. 처음에는 말풍선 속 글의 분량이 작은 것으로 시작하며, 말풍선의 내용을 한눈에 80% 이상 인지할 수 있게 되면 좀 더 글이 많은 만화책으로 수준을 높여서 훈련해 가는 과정을 밟는다.

만화책 보기(인지능력 확대) 훈련

목표	단위 시간당 인지할 수 있는 내용을 양적으로 확장한다.
훈련 방법 및 유의점	1. 카메라가 '찰칵' 하며 찍히듯 한 번에 말풍선 전체 내용을 본다. 2. 말풍선 하나에서 내용 인지가 80% 이상이 될 때만 훈련의 수준을 높여 간다. 3. 말풍선의 내용이 한 번에 인지되면 이번에는 말풍선뿐 아니라 한 컷(그림 포함) 전체를 보아 가는(말풍선을 먼저 보고 그림을 보는) 훈련을 한다. 4. 책장 넘기는 속도를 높여 훈련의 난이도를 올려 간다.
속독 심법	1. 보아 가는 말풍선이 떠올라 눈 속으로 빨려 든다. 2. 사고의 속도는 글 읽는 속도보다 빠르다. 3. 말풍선이 담고 있는 그림들이 우뇌에 저장된다. 4. 글자들이 선명하게 보인다. 5. 말풍선의 내용을 해석하려 하지 말고 느껴 본다.

말풍선에 있는 글의 양을 두 줄은 '소', 세 줄은 '중', 네 줄 이상은 '다'로 합니다.
우선 세 줄 정도는 한 번에 인지한다는 느낌이 들 만큼 지속적으로 훈련합니다.

펜을 사용한 가속 훈련

펜을 사용한 훈련은 인위적으로 독서의 속도를 정하고 그 속도를 지켜 읽는 훈련이다. 훈련의 적절한 속도는 분당 2,000자 내외이다. 일반 도서의 경우 1분에 2장(4페이지) 정도를 보는 속도가 된다. 페이지당 15초가 걸리는 속도이기 때문에 빠르지도 느리지도 않다고 할 수 있다.

우선 펜으로 한 페이지를 15초에 훑어 내려오는 속도감을 익혀야 한다. 속도감을 익혔으면 그 속도를 지켜 가며 펜을 대고 문장을 훑어 내린다. 이때 글씨의 크기가 작다거나 한 줄 글이 너무 많다거나 하면 훈련용으로 적합하지 않다. 또한 한 줄 한 줄의 글 폭이 일정하지 않은 것도 펜을 사용한 훈련으로 부적합하다. 글자 크기가 적당하고 한 줄의 글자 폭이 일정하며 한 페이지가 약 26줄 정도인 책이 가장 적당하다.

처음 시작하는 단계에서는 펜이 지나가는 바로 그 줄을 읽어 내는 연습을 한다. 속도감을 익힐 때까지만 그렇게 연습하고 속도감을 익혔으면 펜은 눈이 보는 글줄보다 네 줄 정도 빨리 내려준다. 그렇게 해야 글의 흐름에 방해받는 것을 최소화하면서 훈련을 할 수 있다. 조금 더 욕심을 낸다면 분당 3,000자까지 속도를 높여 훈련을 해도 된다. 이렇게 약 일주일 정도만 훈련을 해도 읽기 실력은 상당히 향상된다.

펜이 지나가면서 한 줄이 나타나면 단어를 하나씩 읽는다기보다 한 줄을 순식간에 본다는 느낌으로 훈련한다. 안구 속독 훈련을 거쳤다면 글줄을 보는 순간 안구가 자동적으로 빠르고 미세하게 움직이며 보게 된다. 이 상태를 만들어 주는 것이 속독 훈련의 일차 목표이다. 즉 문장을 보았을 때 안구가 자동적으로 글줄을 인지하는 상태를 만들어 주고 지속적인 내용 인지훈련을 통하여 이해도를 높여 가는 것이 훈련의 큰 맥이라고 할 수 있다. 펜의 길이가 짧아서 문장 전체를 가리지 못할 경우 길고 두꺼운 빨대를 구하여 펜 대용으로 사용한다.

백조

지은이 안데르센

사이좋은 왕자들과 공주

겨울이 되면 여러분의 곁에 있던 제비는 머나먼 따뜻한 나라를 찾아 떠나갑니다. 그런 먼 나라에 임금님이 살고 있었습니다. 임금님 슬하에는 열한 명의 왕자와 엘리자라는 공주가 하나 있었습니다.

왕자들은 가슴에 별 모양의 훈장을 달고 허리에는 긴 칼을 차고 학교에 다녔습니다. 학교에서는 금 노트에 다이아몬드 펜으로 글자를 썼습니다. 읽기도 잘하고 외우기도 잘했습니다. 누가 보더라도 왕자라는 것을 곧 알 수가 있었습니다.

엘리자 공주는 수정으로 만든 작은 의자에 앉아 그림책을 보았습니다. 그 그림책은 나라의 절반과도 맞먹는 굉장히 비싼 것이었습니다. 왕자들과 엘리자 공주는 즐겁고 행복하게 지내고 있었습니다. 하지만 그런 행복은 그렇게 오래 계속 되지는 않았습니다.

성에서는 새 왕비를 맞는 성대한 잔치가 한창이었으므로, 아이들은 방해되지 않도록 한가한 곳에서 놀고 있었습니다. 그런데 여느 때 같으면 과자며 구운 사과 따위의 간식을 듬뿍 받았을 터인데, 이 날은 모래를 한 컵 받았을 뿐이었습니다. 새 왕비는, "이 모래로 소꿉장난을 하면서 놀아라." 하고 말하는 것이었습니다.

그 후 일주일이 지나 어린 엘리자 공주는 시골의 농사꾼 집에 맡겨졌습니다. 그리고 열다섯 살이 되기 전에는 성에 돌아올 수 없다고 왕비는 말했습니다. 마침내는 나쁜 일을 전혀 하지 않는 왕자들인데도 왕비는 심한 거짓말을 꾸며 임금님에게 나쁘게 일러바치기 시작했습니다.

(719자)

날마다 왕비가 이렇게 일러바치기 때문에 임금님은 왕자들을 귀여워하지 않게 되었습니다. "다들 어디로든 날아가서 너희 좋을 대로해라! 말 못하는 새라도 되어서 썩 나가 버려라!" 마음씨 나쁜 왕비는 나중에는 이렇게까지 소리쳤습니다.

눈으로 보는 줄

그러자 이상하게도 왕자들은 곧 백조가 되고 말았습니다. 그리하여 아름다운 열한 마리의 백조는 성의 창문을 나와 슬피 울면서 숲 저 너머로 날아갔습니다. 백조들은 계속 날아서, 공주가 있는 시골의 집에까지 왔습니다. 아직 날이 훤히 밝기 전이어서 어린 엘리자 공주는 잠자리에서 곤히 자고 있었습니다.

펜으로 가려질 줄

익숙해지면 세 줄이 나타나도록 펜을 보는 줄보다 네 줄 먼저 내려줍니다.

백조들은 원을 그리며 긴 목을 움직이기도 하고 날개를 파닥거리기도 하면서 지붕 위를 맴돌며 날았지만 아무도 바깥으로 나와 보지는 않았습니다. 백조들은 할 수 없이 높은 구름 위까지 날아 올라갔습니다. 그러고는 바닷가의 커다란 숲을 향해서 날아갔습니다.

오빠들이 백조의 모습으로 바뀌어져서 어디론가 가 버린 줄도 모르는 가엾은 엘리자 공주는 날마다 빈터에서 혼자 나뭇잎을 가지고 놀고 있었습니다. 가난한 농부의 집에는 장난감 따위도 없었습니다.

엘리자 공주는 푸른 잎에 손가락으로 구멍을 내었습니다. 그 구멍으로 푸른 하늘을 보면 마치 그것은 오빠들의 맑은 눈동자처럼 보였습니다. 얼굴에 비치는 따뜻한 햇살은, 오빠들의 정다운 입맞춤 같았습니다.

세월은 어느덧 많이 흘렀습니다. 바람은 들장미의 울타리를 스치고 지날 때면 언제나 들장미에게 물었습니다. "당신보다 아름다운 이는 누구지?" "엘리자 공주지요!" 들장미는 그렇게 대답했습니다.

할머니가 일요일에 교회로 가는 길가에서 찬송가책을 펴 보고 있노라면, 바람은 그 위를 살짝 스치고 지나면서 책보고 물었습니다. "당신보다 믿음이 깊은 이는 누구지?" "그건 엘리자 공주지요!" 하고 찬송가책은 대답했습니다.

(890자)

다단 보기 훈련

　다단 보기 훈련에 이르렀다면 안구의 운동 패턴은 드디어 의식의 지배를 벗어나 아주 탄력적이고 부드러운 상태의 움직임을 가지게 된다. 안구 운동의 속도는 더 이상은 빨라질 수 없는 상태까지 이른다. 이제 안구는 말 그대로 글줄을 보면 자동으로 반응하게 된다.

　이제는 손을 올리고 하지 않아도 안구 활성화 훈련을 아주 정확하게 해 낼 수 있다. 눈이 미세하게 떨리는 느낌을 바탕으로 다단 보기 훈련에 임해야 한다. 훈련이 익숙해졌다고 다단 보기 훈련이나 장문 보기 훈련에만 치우칠 경우 안구의 자율적 움직임이 퇴보할 수 있는데 이를 방지하기 위해서라도 지금까지 해온 안구 속독 훈련을 지속해야 할 필요가 있다. 다단 보기 훈련부터는 본격적인 이해도 훈련이라고 할 수 있다. 많은 문장을 통해 실력을 쌓아 가야 한다.

　신문을 보면 그 글줄의 폭이 상당히 좁다. 그 폭이 좁은 글줄로 속독 연습을 하면 된다. 처음부터 글 폭이 넓은 것으로 훈련을 하면 조금 어려울 수 있으므로 폭이 좁은 글줄부터 한 눈에 보아 가는 훈련을 하기 바란다. 평상시에는 신문 보기 훈련을 하고 일반 도서로 훈련을 할 때도 같은 개념으로 처음에는 글줄의 폭이 작은 것으로 훈련을 시작하면 된다. 이것 역시 한 페이지가 2단으로 나누어진 것이 가장 좋다. 2단짜리 책을 준비하자. 이 훈련에 규정된 시간은 없다. 독서 훈련을 할 때는 집중력에 도움을 주기 위해서 알파파를 유도하는 효과가 있는 것으로 알려진 클래식 음악을 들으면 좋다. 책의 내용이 전혀 이해되지 않더라도 속도에 중점을 두고 계속해서 눈으로 보아 나가야 한다.

다만 보기에서는 펜으로 하는 가속 훈련 때보다 조금 더 속도를 빨리 한다. 책을 볼 때 글줄이 중간에서 짧게 끊기는 부분이 있는데 글줄이 짧다고 해서 눈도 글줄에 맞게 움직이려 하지 말고 짧게 끝나는 부분도 눈의 움직이는 폭은 변함없이 유지한다. 잘 안 될 경우 글줄 양 옆에 3글자로 된 단어가 하나씩 더 있다고 생각하고 훈련하면 많은 도움이 된다.

훈련이 쌓이면 자신도 모르는 사이에 이해도가 증진된다. 단 아무 생각 없이 훈련을 해서는 안 되며, 글줄이 흐려지지 않도록 신경을 써야 한다. 훈련이 거듭될수록 인지하는 단어나 내용이 많아지게 될 것이라는 자기 암시가 필요하다.

얼마간 이렇게 훈련을 하다 보면 내용이 조금씩 '느껴지게' 된다. 그러한 시기가 오면 '이제 본격적으로 두뇌에 속독 소프트웨어가 만들어지기 시작했다.'라고 보면 된다.

안구 활성화 훈련을 하면서 속독 실력이 늘어 가는 것을 체험했듯이 문장 이해 훈련 또한 마찬가지이다. 훈련 횟수와 비례하여 내용 인지 능력이 점차 향상되어 갈 것이다.

그렇지만 왕비는 놀랄 만큼 아름다워진 엘리자 공주를 보자 전보다도 더욱 미워하게 되었습니다. 그래서 다음 날 아침 왕비는 보기 싫은 두꺼비 세 마리를 잡아 대리석으로 된 욕실로 데리고 갔습니다.

"알았지, 다들 잘 들어라. 엘리자 공주가 욕실에 들어오거든 너는 엘리자의 머리 위에 올라앉아라. 그렇게 하면 엘리자는 너와 꼭 같은 바보가 될 테니까."

하고 왕비는 한 두꺼비에게 말했습니다.

"그리고 너는 엘리자의 이마에 올라앉아라. 그렇게 되면 너처럼 흉한 얼굴이 되어 임금님도 엘리자 공주인줄을 모르게 될 테니까."

두 번째 두꺼비에게는 이렇게 말했습니다.

"그리고 너는 엘리자의 가슴 위에 올라앉아라. 그렇게 하면 엘리자는 항상 괴로워하면서 살아가게 될 테니까."

세 번째 두꺼비에게 말했습니다.

왕비는 세 마리의 두꺼비를 목욕 물 속에 놓아주고 나갔습니다.

잠시 후 왕비의 분부로 엘리자 공주는 곧 목욕물에 들어갔습니다.

한 마리의 두꺼비는 머리에, 한 마리는 이마에, 남은 한 마리는 가슴에 살짝 올라앉았습니다. 하지만 기분 좋게 물에 잠겨 있는 엘리자 공주는 그런 줄도 모르고 있었습니다.

엘리자 공주가 물에서 나오자 목욕물에는 새빨간 양귀비꽃 세 송이가 떠 있었습니다. 두꺼비들의 마법이 듣지 않을 때에는 두꺼비들은

(629자)

빨간 양귀비꽃으로 변하게 되어 있었습니다.

믿음이 아주 깊고 깨끗한 엘리자 공주에게는 무서운 마법도 아무런 효력이 없었던 것입니다.

마음이 나쁜 왕비는 맥이 풀렸습니다. 그래서 호도를 짓이겨 짠 누런 물을 엘리자 공주의 얼굴과 손발에 문질렀습니다. 얼굴에는 또 고약한 냄새가 나는 기름을 바르고 아름다운 머리칼을 마구 헝클어 놓았습니다.

엘리자 공주는 마치 정신이 돈 흑인의 꼴로 모습이 바뀌고 말았습니다.

왕비는 엘리자 공주를 임금님 앞으로 데리고 갔습니다. 임금님은 공주를 보자 깜짝 놀라 소리쳤습니다.

"아니, 네가 엘리자 공주라고? 너 같은 더러운 아이는 내 딸이 아니다."

대신들도 관리들도 하인까지 엘리자 공주라고 믿어주는 사람은 아무도 없었습니다. 엘리자를 알아주는 것은 오직 개와 제비뿐이었습니다. 그러나 그들은 불행히도 그것을 여러 사람에게 말할 수가 없었습니다.

"아아, 나는 이제 여기에 더 있을 수가 없게 되었구나."

가련한 엘리자 공주는 어디로 갔는지 알 길이 없는 오빠들이 생각났습니다. 엘리자 공주는 울면서 성을 나왔습니다. 밭 사이를 지나고 늪가를 돌아서 숲으로 갔습니다. 마냥 걸어가도 큰 나무만이 우거져 있는 굉장히 넓은 숲이었습니다.

(1226자)

엘리자는 무섭고 슬픈 마음이 들수록 오빠들이 더욱 그리워졌습니다.

"오빠들도 틀림없이 가엾게 성을 쫓겨났을 거야. 다들 어디 계실까? 보고 싶어라."

엘리자 공주는 어떻게 해서든지 오빠들을 찾아내기로 마음먹었습니다. 어서 숲을 벗어나려고 서두르던 엘리자는 그만 길을 잃었습니다. 사방은 이미 어두워지고 말았습니다. 숲을 빠져나갈 수 없게 된 엘리자 공주는 푸른 풀밭에 앉아 저녁 기도를 드린 다음 나무 그루터기를 베고 누웠습니다.

바람 한 점 없는 조용한 밤이었습니다. 풀숲 사이로 파란 불을 켠 개똥벌레가 어지럽게 날아다 풀 냄새가 풍겨 오고 새들은 이야기라도 나누듯이 가까이 와서 날아다녔습니다.

잠이 들었을 때도 엘리자 공주는 오빠들의 꿈을 꾸었습니다. 다들 어렸을 때로 돌아가서 다이아몬드 펜으로 금 판자 위에다 글씨를 쓰기도 하고 나라의 반을 내놓아야 살 수 있는 그림책을 보기도 했습니다. 하지만 전과는 달리 오빠들이 금 판자에 쓰는 것은 예전의 그런 동그라미나 줄만이 아니었습니다. 자신들의 용감한 공적이라든지 세상에서 보고 들은 일들도 썼습니다.

엘리자 공주의 그림책에 있는 그림은 모두들 살아 있었습니다. 새는 노래를 부르고 사람들은 책에서 나와 말을 했습니다. 그러다가도 엘리자 공주가 다음 페이지를 펼치려고 하면 책장에서 나온 새나 사람들은 곧 제자리로 돌아가

(1885자)

곤 했습니다. 해님이 하늘 높이 떠올랐을 무렵에야 엘리자 공주는 잠에서 깼습니다.

하지만 숲의 나무가 몹시 우거져 있기 때문에 아름다운 금빛 해님은 보이지 않았습니다. 향기로운 풀 냄새가 풍겨오고 새들은 이야기라도 나누듯이 가까이 와서 날아다녔습니다.

"어머, 가까이에서 물이 흐르는 소리가 들린다."

풀밭을 걸어갔더니 여기저기서 샘이 솟아 연못으로 흘러들고 있었습니다. 연못 둘레에는 키 큰 풀들이 빽빽하게 우거져 있었고 거기에 한쪽에는 좁은 길이 있었습니다. 그 길은 사슴이 물을 먹으로 다니는 길이었습니다.

연못가로 내려가 보았습니다. 바닥의 모래도 들여다보일 만큼 물이 맑았습니다. 바람이 나뭇가지나 풀잎을 흔들지 않았다면 그림으로 잘못 볼 만큼 맑은 물이었습니다.

엘리자 공주는 물에 비친 자기의 검붉은 얼굴을 보고

"이런! 내 얼굴이 이렇게 더럽다니!"

하고 그 귀여운 손으로 물을 떠서 얼굴을 씻겼습니다. 이번에는 옷을 벗고 물에 들어가서 온몸을 씻었습니다.

물에서 나온 엘리자 공주는 그야말로 아름다운 공주의 모습을 되찾았습니다. 옷을 입고 젖은 머리를 곱게 땋았습니다. 그리고 우물로 가서 솟아오르는 찬물을 마셨습니다. 엘리자는 상쾌한 기분으로 숲 속 깊이 걸어갔습니다. 여전히 궁금한 것은 어디 있는지 모르는 오빠들의

(2521자)

155

소식이었습니다.

"그러나 고마우신 하느님은 언젠가는 꼭 오빠들을 만나게 해 주실 거야."

그렇게 생각하면서 걸어가는데 잘 익은 커다란 산 사과가 눈에 띄었습니다. 엘리자 공주는 나무 밑에 앉아서 맛있는 점심을 먹었습니다.

감사한 마음으로 너무나 많이 열린 열매 때문에 부러질 듯한 가지에다 버팀목을 받쳐 주고는 다시 걷기 시작했습니다.

숲은 조용했습니다. 풀을 밟는 소리밖에는 아무 소리도 들리지 않았습니다. 숲 속 깊숙이 들어가니 새의 모습도 보이질 않았습니다. 우거진 나뭇가지 때문에 햇살도 비쳐 들지를 않았습니다. 얼마나 쓸쓸한 곳인지요! 엘리자 공주가 이런 곳에 와 보는 것은 처음이었습니다.

다시 밤이 되었습니다. 이 날 밤은 개똥벌레의 불빛도 보이지 않는 캄캄한 밤이었습니다. 엘리자 공주는 그만 울상이 되어 잠자리를 준비했습니다. 엘리자 공주는 자리를 찾아 누웠습니다. 우거진 나뭇가지의 우듬지 쪽이 활짝 열리면서 하느님이 따뜻한 눈으로 엘리자 공주를 내려다보시는 것 같았습니다. 아름다운 천사 몇 명도 하느님의 어깨와 팔 사이로 엘리자를 격려하듯 이쪽을 보고 있는 듯했습니다.

아침에 눈을 떴을 때 그것이 꿈이었는지 실제로 본 것인지를 엘리자 공주는 분별할 수가 없었습니다.

얼마쯤 숲 속을 걸어가다가 어떤 할머니를 만났습니다. 할머니는 나무딸기 열매를 담은 바구니를 들고 있었습니다.

"여보셔요, 할머니. 이 근처로 말을 탄 열 한 명의 왕자들이 지나가는 것을 못 보셨습니까?" 엘리자 공주가 물었습니다.

"아니, 보지 못했는데……."

할머니는 고개를 가로저었습니다. 그리고는 엘리자 공주에게 나무딸기 열매를 집어 주었습니다.

"먹어요. 열한 명이라고 했지? 어제 냇물에서 머리에 금관을 쓴 백조를 보았어. 그게 분명 열한 마리였지."

"할머니, 그 냇물은 어디여요?"

"응, 저 쪽이야."

엘리자 공주는 할머니를 따라 숲을 나와서 언덕의 기슭까지 왔습니다. 무성한 나무 밑으로 냇물이 흐르고 있었습니다. 하지만 백조의 모습은 어디에도 보이지 않았습니다. 엘리자 공주는 할머니에게 고맙다는 인사를 하고 헤어져서 냇가를 걸었습니다. 그리하여 나중에는 넓은 바다에 이르렀습니다. 바다는 끝없이 넓었습니다. 새들의 그림자는커녕 한 척의 배조차도 보이지 않았습니다.

"이젠 더 갈 수도 없어."

엘리자 공주는 멍하니 서서 모래펄에 밀려오는 파도를 바라보고 있었습니다. 발밑에는 동그란 돌이며 유리 조각, 쇠붙이 따위가 널려 있었습니다. 그런 것들을 바라보고 있으려니 엘리자 공주는 문득 이런 생각이 떠올랐습니다.

(3154자) (3756자)

글줄의 폭이 좁은 것으로 훈련하는 것이 익숙해지면 글줄이 긴 장문 훈련을 해 보도록 한다. 보통 접하는 도서보다 글줄의 폭이 넓은 도서를 사용하여 훈련을 해보는 것이다. 글줄의 폭이 넓으면 한 줄당 단어 수도 더 많아지기 때문에 한눈에 보아 내기가 힘들다. 그러나 이런 훈련을 하게 되면 그보다 글줄 폭이 작은 일반 도서는 훨씬 쉽게 읽어 낼 수 있게 된다. 이것 또한 두뇌 가속화 이론을 적용한 것이다.

장문 보기 훈련을 할 때 다음 사항을 유념하면 좋은 효과를 볼 수 있다.

1. 본 훈련을 통해 두뇌에 속독뇌가 만들어진다고 생각한다.
2. 가속 훈련 시에는 내용이 인지되지 않아도 마음을 편안히 가진다. 30% 이상 내용이 인지된다면 속도를 더 올려 준다.
3. 글줄들이 빠르게 떠올라 뇌로 흡수된다고 생각한다.
4. 묘사된 부분이 있으면 빠르게 이미지화한다.
5. 주어와 목적어를 인지하는 것에 집중한다.
6. 마치 물이 위에서 아래로 떨어져 내리듯이 시선을 위에서 아래로 내린다고 생각하고 자연스러운 마음으로 글줄을 보아 내려간다.

자유 도서 읽기 훈련

이제 속독 훈련도 완성 단계에 이르렀다. 책을 읽어 내는 능력 또한 상당한 발전이 있었을 것이다. 지금까지 다져 온 속독 실력을 자유 도서 읽기 훈련을 통해 확실히 체화하도록 한다.

다단 훈련과 장문 훈련은 내용 인지와 상관없이 가능한 한 속도를 빨리해서 읽는 훈련이다. 빠르게는 분당 3,000자 정도의 속도로 책을 읽었을 텐데, 자유 도서 읽기 훈련부터는 이 속도를 분당 2,000자로 제한한다. 읽기의 속도가 아닌 읽은 내용에 대한 정확한 인지 능력을 갖추도록 하는 과정이기 때문이다. 책 한 페이지는 평균 550자 내외이기 때문에 1분에 4페이지 정도를 읽고 이해하는 속도가 된다. 이 속도로 책을 읽으면서 내용 이해도가 70% 이상 되도록 훈련하는 것이 자유 도서 읽기 훈련의 목표이다.

이제 안구는 책만 보면 저절로 글줄을 찾아 읽어 내려가는 수준에 다다라 있다. 두뇌 속에도 어느 정도는 속독 소프트웨어가 생성된 상태이다. 편안하고 즐겁고 자신감에 충만한 마음으로 자유 도서 읽기 훈련에 임하도록 한다.

자유 도서 읽기 훈련의 시작은 심신의 안정에 있다. 눈을 감고 가만히 앉아 복식 호흡을 하거나 속독 기호표를 펴 놓고 그렇게 빠르지 않은 속도로 두 줄 보기 훈련을 5분간 실시해 주면 된다.

마음이 편안해지면 읽을 책을 펴고 지금 읽을 분량만큼의 목차를 확인하고 머릿속으로 되새겨 본다. 목차는 앞으로 전개될 내용에 대해 '아, 이렇겠구나.' 하고 짐작해 볼 수 있어 유용하다. 무작정 읽기를 시작하는 것보다 내용을 인지하는 면에서 훨씬 도움이 된다.

자유 도서 읽기의 목적은 내용 인지 능력의 배양에 있다. 가능한 한 정독 못지않은 정보 흡수력을 가지도록 훈련을 한다. 따라서 정독으로 책의 내용을 먼저 파악한 후 다시 속독을 적용하여 읽어 보는 것도 좋은 훈련 방법이다.

아래 사항을 유념하며 훈련해 보도록 하자.

1. 우선 훈련용으로 정한 책을 정독으로 읽어 본다. 훈련용 책의 종류는 제한하지 않는다. 전문 서적이라도 상관없다. 여기서 정독이란 분당 800~1,200자까지의 속도로 읽는 것을 말한다.
2. 한 권을 다 읽는 것이 아니고 정독으로 15분 정도 읽을 분량을 정한다. 분당 800자로 정독할 경우 약 23페이지가 적당하다.
3. 혹시 모르는 단어나 개념이 나오면 따로 공부를 한다.
4. 정독으로 읽고 나서 얼마만큼의 내용을 기억하고 있는지 확인하기 위해 읽은 내용의 줄거리나 요점을 훈련 노트에 적어 둔다.
5. 이제 속독을 적용하여 같은 내용을 읽어 본다. 읽으면서 정독으로 읽었을 때 흡수했던 정보가 그대로 인지되는지 확인한다. 속독으로 읽을 경우 정독으로 읽고 인지했던 내용을 빠트릴 수가 있다. 이는 속독으로 읽을 때 순간 집중력이 약해졌다는 것을 말한다. 또한 새롭게 인지한 내용이 무엇인지도 확인해 본다.
6. 속독으로 또 한 번 읽는다. 책의 흐름과 내용을 대부분 파악하고 있기 때문에 알고 있는 내용을 보강한다는 생각으로 읽는다. 책을 읽은 후 기억나는 내용들을 재확인하고 이전보다 얼마만큼의 내용이 보강되었는지 적어 둔다.
7. 마지막으로 다시 정독으로 책을 읽는다. 지금까지 3독을 하면서 빠트린 내용이 무엇인지 확인한다. 정독으로 마무리하는 것은 내용 인지의 정확도를 가늠해 보고 자신이 속독으로 책을 읽을 때 어떤 부분을 소홀히 하는지 파악하여 시정하기 위한 것이다.

30권 독파 훈련(새로운 도전)

지금까지 이 책에서 제시한 훈련만 잘 한다면 대부분 분당 2,000자 이상을 읽을 수 있게 된다. 경우에 따라서는 제시한 목표치보다 훨씬 더 나은 속독 실력을 보유하게 된 사람도 분명히 있을 것이다. 속독 훈련은 그 결과에서 개인차가 심한 특징이 있다. 나의 속독 실력이 분당 3,500자인데 이를 넘어서 분당 4,000자 이상을 읽을 수 있게 된 사람이 있다면 한 번 극한으로 속독력을 향상시키는 것에 도전해 봄직하다. 이때 해야 하는 필수 훈련이 바로 30권 독파 훈련이다.

30권 독파 훈련을 하기 위해서는 책상 한쪽에 훈련을 위한 도서 30권을 쌓아 둔다. 그리고 독서 자세를 잡는데 눈을 조금 크게 뜬 상태로 안구에 약간 힘을 준다. 황소 돌격형 자세만큼 눈을 부릅뜰 필요는 없다. 이 상태로 책을 보기 시작하는데, 준비한 30권을 다 독파할 때까지는 앉은 자리에서 일어나지 않는다.

첫 한 권은 분당 4,000자 정도의 속도로 보아 나간다. 내용은 이해되지 않아도 상관이 없다. 그렇게 한 권을 끝내고 다음 권을 시작하면 이번에는 한 페이지를 위아래 2등분으로 나누어 위쪽 한 뭉텅이 아래쪽 한 뭉텅이를 각각 1초씩 할애하여 책이 끝날 때까지 보아 간다. 다음 권은 다시 분당 4,000자 읽기를 한다.

이렇게 반복하며 30권의 책을 앉은 자리에서 독파해 내는 것이다.

이것은 분당 4,000자로 우뇌를 약하게 자극했다가 뭉텅이 보기를 통해 우뇌를 강하게 자극하는 것을 반복한다는 개념이다.

내 경험으로는, 5권 정도를 독파할 때까지는 내용을 모른 채 그냥 보아 나가는 행위를 한다는 것 외에는 별다른 느낌이 없었다. 그런데 10권이 넘어가자 확실한 내용이 들어오는 정도는 아니지만 몇 단어씩 보이기도 하고 때로는 문장의 내용이 이해되며, 점점 인지되는 내용이 많아졌다.

20권을 넘어가니 불현듯 눈이 상당히 자유롭게 움직인다는 느낌이 들었다. 훈련이 편안하고 글들도 선명히 보이고 내용을 다 파악하지는 못해도 더 이상 놓치는 단어는 없는 것 같았다. 이렇게 무작정 훈련을 계속하여 마지막 30권째에 이르자, 처음 책장을 넘기던 속도의 빠르기는 아니지만 분당 5,000자는 될 법한 속도로 페이지를 편안하게 위에서 아래로 보아 내려오고 있다는 것과, 책의 내용이 무엇인지 저절로 들어오는 느낌이 들었다. 그래서 두 눈을 더 크게 뜨고 보아 내려가는데 정말로 책 내용이 들어오며 머릿속으로 내용이 정리가 되었다. 말이 저절로 나왔다.

"뭐야 이거! 보이잖아."

분명히 누군가는 30권 독파 훈련을 통해 나와 같은 경험을 할 것이다. 또한 그 중에 누군가는 앞에서 설명한 세계 최고의 속독가인 하워드 S. 버그나 마리아 테레사 칼데론의 실력에 도달하게 될지도 모른다. 30권 독파 훈련은 이러한 가능성을 가지고 있기에 이 훈련에 '새로운 도전'이라는 부제를 달았다.

전자책 어플리케이션을 이용한 속독 훈련

스마트폰 앱 스토어에서 여러 속독 훈련 앱을 다운받아 살펴보니 구성이 거의 대동소이했다. 유료 결제를 하면 더 많은 기능을 사용할 수 있다고는 하나 굳이 유료 앱을 사용할 만큼 알차게 만들어졌다고 보기는 어려웠다. 오히려 무료로 사용할 수 있는 전자책 앱들이 속독 훈련에 더 도움이 될 듯하여 여기서 소개한다.

안드로이드용으로 제작된 여러 무료 전자책 앱을 사용해 보았는데 그 중 추천하고 싶은 것은 'T store books'이다.

T store books

핀치 투 줌(Pinch-To-Zoom : 손가락 두 개로 화면을 확대 축소하는 것) 기능을 활용하면 글자 크기를 다섯 단계로 간단히 바꿀 수 있다. 화면을 손가락으로 쓱 훑는 것만으로 페이지가 넘어가니 속독의 가속 훈련용으로 활용하기 좋다.

그리고 그는 우울하게 웃었다.
나는 오랫동안 기다렸다. 나는 그의 몸이 점점 따뜻해지는 것을 느꼈다.
"애야, 무서웠지..." 그는 무서웠다, 물론이다! 그러나 그는 상냥하게 웃으면서 말했다.
"오늘 저녁이 훨씬 더 무서울 거야..."
돌이킬 수 없다는 느낌에 나는 온몸이 오싹해졌다. 내가 견딜 수 없었던 것은 이 웃음소리를 다시는 들을 수 없을 거라는 생각이었다. 그런 생각을 견딜 수 없었다. 그 웃음소리는 나에게 사막의 샘이나 마찬가지였다.
"애야, 네 웃음소리를 다시 듣고 싶구나..."
그러나 그는 내게 말했다. "오늘 밤이면 꼭 일 년이야. 내가 왔던 바로 그 자리 위에 내 별이 나타날 거야..."
"애야, 그건 다 나쁜 꿈일 거야? 뱀 이야기, 뱀과의 약속, 별 이야기 그런 것들..."
그러나 그는 대답하지 않고 이렇게 말했다.
"중요한 건 눈에 보이지 않아..."
"물론이지..."
"꽃도 마찬가지야. 아저씨가 어떤 별에 있는 꽃 하나를 사랑하면 밤에 하늘만 바라봐도 아늑해지지. 어느 별에나 다 꽃이 피지.
"물론이지..."

있었다.
"나는 아저씨가 준 양이 있어. 양을 넣어 둘 상자가 있고, 또 입 가리개도 있고..."

그리고 그는 우울하게 웃었다.
나는 오랫동안 기다렸다. 나는 그의 몸이 점점 따뜻해지는 것을 느꼈다.
"애야, 무서웠지..." 그는 무서웠다, 물론이다! 그러나 그는 상냥하게 웃으면서 말했다.
"오늘 저녁이 훨씬 더 무서울 거야..."
돌이킬 수 없다는 느낌에 나는 온몸이 오싹해졌다. 내가 견딜 수 없었던 것은 이 웃음소리를 다시는 들을 수 없을 거라는 생각이었다. 그런 생각을 견딜 수 없었다. 그 웃음소리는 나에게 사막의 샘이나 마찬가지였다.
"애야, 네 웃음소리를 다시 듣고 싶구나..."
그러나 그는 내게 말했다. "오늘 밤이면 꼭 일 년이야. 내가 왔던 바로 그 자리 위에 내 별이 나타날 거야..."
"애야, 그건 다 나쁜 꿈일 거야? 뱀 이야기, 뱀과의 약속, 별 이야기 그런 것들..."
돌이킬 수 없다는 느낌에 나는 온몸이 오싹

훨씬 더 어려워..."
무언가 심상찮은 일이 일어나고 있다는 걸 알 수 있었다. 나는 그를 아기처럼 품에 꼭 안고 있었다. 그러나 그는 내가 어떻게 붙잡을 새도 없이 끝없는 구멍으로 곧장 떨어져가는 것 같았다...
그는 진지한 눈빛으로 먼 데를 물끄러미 바라보고 있었다.
"나는 아저씨가 준 양이 있어. 양을 넣어 둘 상자가 있고, 또 입 가리개도 있고..."

그리고 그는 우울하게 웃었다.
나는 오랫동안 기다렸다. 나는 그의 몸이 점점 따뜻해지는 것을 느꼈다.
"애야, 무서웠지..." 그는 무서웠다, 물론이다! 그러나 그는 상냥하게 웃으면서 말했다.
"오늘 저녁이 훨씬 더 무서울 거야..."
돌이킬 수 없다는 느낌에 나는 온몸이 오싹

나는 비행기 수리에 뜻밖에 성공했다는 말을 막 하려던 참이었다! 그는 내 물음에는 대답 않고 이렇게 덧붙였다.
"나도 오늘 내 집으로 돌아가..."
그리고는 쓸쓸하게 말했다. "훨씬 더 멀구... 훨씬 더 어려워..."
무언가 심상찮은 일이 일어나고 있다는 걸 알 수 있었다. 나는 그를 아기처럼 품에 꼭 안고 있었다. 그러나 그는 내가 어떻게 붙잡을 새도 없이 끝없는 구멍으로 곧장 떨어져가는 것 같았다...
그는 진지한 눈빛으로 먼 데를 물끄러미 바라보고 있었다.
"나는 아저씨가 준 양이 있어. 양을 넣어 둘 상자가 있고, 또 입 가리개

"나도 오늘 내 집으로 돌아가..."
그리고는 쓸쓸하게 말했다.
"훨씬 더 멀구... 훨씬 더 어려워..."
무언가 심상찮은 일이 일어나고 있다는 걸 알 수 있었다. 나는 그를 아기처럼 품에 꼭 안고 있었다. 그러나 그는 내가 어떻게 붙잡을 새도 없이 끝없는 구멍으로 곧장 떨어져가는 것 같았다...

T store books
본문 크기를 쉽게 다섯 단계로 바꿀 수 있다.

안드로이드 폰에 기본 탑재된 'play 북'은 폰트 크기 변경이 지원되지 않아 속독 훈련용으로 적당하지 않다. 텍스트를 읽어 주는 음성 지원 기능은 쓸 만하다.

교보문고 'e-book'은 폰트 크기를 조정할 수 있으나 핀치 투 줌 기능이 지원되지 않고 설성에 들어가서 변경해야 하므로 사용이 번거롭다.

네이버 북스는 3단계의 핀치 투 줌을 지원하는데 작동이 정확하지 않고 버벅거려 불편하다.

아직 페이지 자동 넘김 기능이 있는 모바일 앱은 찾지 못했는데 PC용으로는 '올레 e북' 등이 페이지 자동 넘김 기능이 있다.

PC 프로그램 '어도비 리더'를 이용한 속독 훈련

유료로 판매되는 속독 훈련 소프트웨어나 어플리케이션을 들여다보면 사실 그다지 유용하다는 생각이 들지 않는다. 그 중에 하나 유용한 기능이 있다면 문장이 자동으로 스크롤되어 올라가도록 하는 것이다. 이는 가속화 훈련을 보다 편하고 정확하게 할 수 있게 해준다.

이 '자동 스크롤' 기능을 마음껏 이용할 수 있는 PC용 무료 프로그램이 있다. 웹에서 문서를 가져올 때 대부분의 PC에 권장 설치되는 '어도비 리더(adobe reader)'가 그것이다. 다음 기능을 확인해 두고 속독 훈련에 활용하기 바란다.

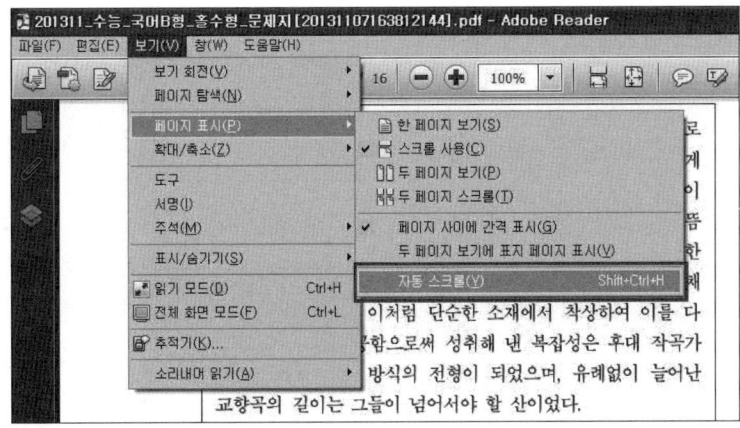

'보기 - 페이지 표시 - 자동 스크롤'로 설정한다.

4장

초집중력을 키우는 트레이닝

01

초집중이란?

집중과 집중력의 사전적 의미는 다음과 같다.

집중

1. 어떤 일·현상·대상 등이 한 곳이나 한 대상에, 또는 한정된 짧은 시간에 몰리거나 쏠리게 함
2. 어떤 일에 정신을 바짝 차리고 쏠리게 함
3. 어떤 대상에 시선·이목 등을 향하여 미치게 함

집중력
마음이나 주의를 어느 사물에 집중할 수 있는 힘

집중은 정신계 작용에서 아주 중요하게 다루어지는 주제이다. 과연 어떻게 해야 보다 깊이 집중할 수 있으며 집중력을 강하게 키울 수 있을까? 우리는 집중이란 단어에 대한 접근법을 달리해 볼 필요가 있다.

집중이란 말의 뜻을 들여다보면 명사이긴 하지만 동사형의 단어라는 것을 알 수 있다. 동사란 행위를 표현하는 것이므로 집중은 행위로서 파악할 때 보다 쉽게 해석된다. 집중이란 내 마음을 어떤 대상에게 주는 행위인데 그 행위는 정신을 바짝 차린 상태에서 이루어져야 한다.

집중의 행위를 공부에 접목시켜 보자.

공부할 때 책에 있는 지식을 나한테 가져 온다는 생각보다는 오히려 손에 쥐고 있는 책한테 내 마음을 준다는 마음을 가지는 것이 훨씬 긍정적으로 학습할 수 있는 비결이다. 마치 어떤 대상을 자꾸 생각하고 마음을 주면 그 대상이 감정적으로 좋아지는 것과 같은 이치이다. 책에 마음을 주고 좋아하게 되면 저절로 집중하게 되고, 학습도 그만큼 더 탄력을 받는다. 집중이 한 단계 더 깊어지면 초집중 상태를 이루게 되는데 이때 최고의 학습 능률이 보장된다.

우리의 뇌 깊숙한 곳에는 좌·우뇌 양쪽에 각각 하나씩 해마라는 부위가 자리하고 있다. 해마는 의식적이든 무의식적이든 상관없이 우리가 오감으로 받아들이는 모든 정보가 1차적으로 저장되는 두뇌 영역이다. 그런데 해마에 정보가 저장될 때는 입력된 정보의 신호 세기를 줄여 아주 미세한 신호 상태로 바뀐다. 그렇지 않고 자동으로 입력되는 많은 정보가 강한 신호로 그대로 저장된다면, 과전류가 흐르면 전선이 타 버리듯이 뇌신경회로는 정보의 과부화로 기능을 상실하게 된다.

해마에 미세하게 저장된 정보 중에서 이해와 탐구 과정을 거치는 것은 비로소 대뇌 피질로 이전되어 장기 기억된다. 이해와 탐구라는 두뇌 활동이 시작되면 우선 해마에 저장된 미세한 정보를 끄집어내게 된다. 그런데 이것이 잘될 때가 있고 잘되지 않을 때가 있다는 것에 주목해야 한다.

해마에 저장된 미세한 정보는 '뇌 내 증폭'이라는 과정을 통하여 끄집어내진다. 이때 정보의 증폭 작용이 항상 잘 이루어지면 좋겠지만 두뇌 상태나 마음 상태에 따라 잘될 때와 잘되지 않을 때가 생긴다.

뇌 내 증폭 작용이 잘 되는 사람은 쉽게 우등생이 되지만 잘되지 않는 사람은 공부량에 비해 낮게 나오는 기대 이하의 성적에 실망하게 된다. 그런데 해마에 저장된 정보 증폭력을 200배 가까이 향상시키는 물질이 있다면 어떨까. 마치 구세주를 만난 기분일 것이다.

그 구세주는 '뇌 내 모르핀' 또는 '베타 엔도르핀'이라고 불리는 뇌 내 생성 호르몬이다. 베타 엔도르핀은 평범한 사람을 가히 천재의 영역으로 끌어 올려주는 신비의 효능을 가지고 있다. 이는 혜택 받은 일부만 가지는 특별한 능력이 아니라 우리 모두에게 부여된 신의 선물이다.

이 사실을 알면 "나는 머리가 나빠서 공부를 못해."라는 말은 할 수 없게 된다. 우리들 누구라도 천재가 될 자질을 기본적으로 갖추고 있기 때문이다.

초집중의 메커니즘이란 두뇌에서 베타 엔도르핀을 만들어 내어 해마의 정보 증폭력을 200배 끌어 올리는 일련의 과정을 말한다. 베타 엔도르핀은 뇌파가 알파파일 때 만들어지는 물질이고, 알파파는 우뇌가 활성화될 때 발현하는 뇌파이다. 다시 말하자면, 초집중의 메커니즘이란 우뇌를 사용한 학습을 했을 때 뇌파가 알파파로 되고, 이 상태에서 단백질이 분해되면서 베타 엔도르핀이라는 호르몬이 생성되고, 이렇게 생성된 베타 엔도르핀이 해마의 정보 증폭력을 200배 상승시켜 주는 일련의 과정이다.

학습 호르몬, 베타 엔도르핀

베타 엔도르핀은 몸 안에서 만들어지는 마약성 물질이다. 그러나 조제된 마약과 같은 중독성은 없다. 베타 엔도르핀은 집중 상태에서 전두엽이 활성화될 때, 기분이 상쾌하고 좋을 때, 그리고 진정으로 사랑하는 아름다운 마음이 될 때 우리의 뇌하수체에서 만들어지기 때문에 '학습의 호르몬', '사랑의 호르몬'이라는 별명도 가지고 있다.

뇌가 에너지를 사용할 때는 POMC라는 단백질 분해, 합성 현상이 발생한다. 그런데 단백질 분해와 합성 과정에서 아주 특이한 현상이 나타난다. 기분이 좋다고 생각할 때와 그렇지 않을 때의 POMC 과정과 결과가 다르다.

긍정적인 마음일 때는 단백질이 부신 피질 호르몬과 베타 엔도르핀으로 분해된다. 부신 피질 호르몬은 육체적 스트레스를 완화하는 역할을 맡고 있으며, 베타 엔도르핀은 정신적 스트레스를 해소하는 작용을 한다. 특히 베타 엔도르핀은 기분을 좋게 하는 데 그치지 않고, 인체 각 기관의 노화를 막거나 암세포를 파괴시키고 기억력을 강화하기도 하고, 인내력을 강화해 주는 작용을 하기도 하는 만능 호르몬이다.

베타 엔도르핀은 신체 면역력을 높이고, 우리 자신을 천재의 영역으로 끌어 올려 행복하게 살아갈 수 있도록 도와준다. 일반적으로 운동을 할 때 분비량이 5배 이상 증가하며, 진통의 효과는 일반 진통제의 200배에 달한다. 그래서 베타 엔도르핀 계열의 호르몬을 두뇌에서 생성되는 모르핀(마약)이라 하여 '뇌 내 모르핀'이라 부르기도 한다.

베타 엔도르핀과 자주 비교되고 회자되는 '도파민'이라는 호르몬이 있다. 실제로 우리가 의욕적으로 일을 할 때는 뇌가 매우 활성화되어 도파민이라는 호르몬이 강하게 분비된다. 도파민은 인간에게 의욕을 불러일으키는 호르몬이지만, 과다 분비될 경우는 에너지가 필요 이상으로 소비되어 결국 두뇌에 좋지 않은 영향을 미친다. 도파민의 과다 분비가 지속되면 정신분열증이나 간질병 같은 증상을 일으킬 가능성이 높아진다.

반면 도파민이 적정치 이하로 적게 분비되면 파킨슨병(운동 기능 감소증. 근육 경직을 특징으로 하는 질환)이나 치매 현상을 일으킬 가능성이 현저히 높아진다.

옛날부터 천재로 일컬어지던 사람이 일찍 사망하거나 뇌 질환 계통의 병에 많이 걸린 이유도 도파민 과잉 분비와 관계가 있다고 할 수 있다. 열심히 일하는 직장인이나 실적을 쭉쭉 올리는 사업가 가운데서도 도파민 과다 분비 현상을 보이는 사람이 많다. 이런 경우에는 일하다가 녹초가 되기 십상이다. 정치계나 경제계에서 대단한 성공을 거둔 유능한 인물이 일찍 죽는 경우 역시 도파민이 과다 분비되는 삶을 살았을 것으로 추측할 수 있다. 이러한 특성 때문에 도파민을 '투쟁의 호르몬'이라 부르기도 한다.

도파민 과다 분비가 우려스럽기는 하지만 그래도 남보다 뛰어난 능력을 키워 큰일을 하려면 거기에 상응하는 도파민이라는 에너지는 필요 불가결한 요소이다. 이처럼 도파민은 양날의 검과 같아서 다루기 어려우므로 주의 깊게 다루어야 한다. 이 도파민의 부정적인 작용을 극복할 수 있는 방법이 있다. 바로 베타 엔도르핀을 도파민 대신 활용하는 것이다. 도파민을 많이 분비하면 에너지가 소멸되어 녹초가 되는데 베타 엔도르핀을 함께 분비시키면 적은 양의 도파민으로도 10~20배나 되는 양의 도파민이 분비된 것과 똑같은 효과를 얻을 수 있다.

이는 베타 엔도르핀이 지렛대의 원리와 비슷하게 도파민의 작용을 증폭시키는 효과를 내기 때문이다. 강한 마인드와 의욕을 가지고 있다 해도 도파민을 과다 분비하면 역반응으로 노르아드레날린이라는 호르몬을 생성하게 된다. 이 호르몬은 몸에 해로운 활성 산소를 대량으로 방출시키는 특성이 있으며 몸에 해로움을 준다. 반면에 베타 엔도르핀은 활성 산소를 방출하지 않기 때문에 소량의 도파민에 엔도르핀을 결합시키면 부작용 없이 그 효과를 증폭시켜 사용할 수 있다.

예부터 이름 있는 고승들은 높은 식견으로 세상을 관망하고 사람을 감화시키는 힘을 갖고 있었으며, 통계적으로 볼 때 질병 없이 장수했다. 득도한 고승들이 대부분 질병 없이 장수한 까닭은 무엇일까? 그것은 좌선을 통한 뇌파의 알파파화와 베타 엔도르핀을 유용하게 활용한 결과라 할 수 있다. 알파파와 베타 엔도르핀은 닭과 달걀같이 밀접한 관계를 갖고 있다.

기적의 뇌파, 미드 알파파

미드 알파파는 지적으로는 기억력과 집중력을 최대치로 향상시키고, 육체적으로는 지구력과 적응력·회복력을 최상으로 끌어 올려 기적의 뇌파라고도 한다. 전 서울대 공대 교수를 지낸 박희선 박사는 자신의 뇌파를 자유자재로 조절하는 능력을 가진 것으로 알려졌는데, 생활 참선의 보급에 앞장서며 미드 알파파의 기적 같은 효과를 설파했다. 20년 전에는 사비 1억 원을 연구비로 들여 미드 알파파를 인위적으로 만들 수 있는 '뇌파 동조기'를 발명하기도 했다.

박희선 박사는 미드 알파파의 기적 같은 효과를 증명하기 위해 1995년에 76세의 나이로 히말라야의 메라피크봉(6,654m)을 무산소로 올라 국제 기네스협회로부터 세계 최고령 등정자로 공인받았다. 또 2003년에는 84세의 고령임에도 5,400m의 고도에서 시작한 에베레스트 산악 마라톤 42.195km를 완주해 내는 경이적인 모습을 보여 주었다.

2003년 에베레스트 산악 마라톤을 완주한 박희선 박사.

뇌파의 종류

*β(베타)파 : 14~30Hz. 신경계의 저항 발생, 정신의 긴장 상태, 오감을 통한 지각의 세계, 신경계가 피동적으로 반응할 때, 주로 일상 활동을 할 때나 약간의 흥분 상태일 때 전두엽에서 잘 나타난다.

*α(알파)파 : 8~12Hz. 성인이 눈을 감고 편안한 자세에서 명상에 잠길 때, 수면 초기, 정신이 하나의 초점을 향해 모이는 경지, 신경계가 능동적으로 반응할 때, 신경계의 저항이 저하되어 뉴런의 신호 전달이 최대치로 활성화될 때 두정엽과 후두엽에 걸쳐 잘 나타난다.

*θ(세타)파 : 4~7Hz. 정상 수면 중의 뇌파, 초능력의 경지, 초현상, 영감과 예시가 열리는 경지, 해탈의 경지, 우울증이 있을 때 나타난다. 어른보다는 어린이에게서 잘 관찰된다. 대뇌 부위별로 세타파의 작용이 다르게

관찰되어 아직은 연구가 부족하다.

*δ(델타)파 : 3~5Hz. 깊은 수면 상태일 때, 임종 시, 혼수상태일 때, 뇌종양이 있을 때, 깊은 명상(삼매경)으로 자연에 귀화할 때 나타난다. 특히 수면 중에 이 뇌파 상태에서 성장 호르몬의 분비가 최대치에 이른다.

알파파의 임상적 특징

알파파라고 하여 특별히 신비하게 생각할 필요는 없다. 참선이나 명상을 할 때뿐만 아니라 일상생활에서도 흔히 이 알파파 상태를 경험하고 있기 때문이다.

- 드라마를 심취해서 볼 때
- 30분 이상 조깅을 하다 힘들다는 생각이 없어질 때
- 집중하여 무술, 검도 등을 수련할 때
- 심취하여 춤을 출 때
- 게임에 빠져 있을 때 등

위에 열거한 예들 속에서 하나의 공통점을 발견하게 되는데 그것은 무엇을 하든지 그 일에 심취해 있을 경우 뇌파는 알파파 상태가 된다는 것이다. 즉 정신을 몰입하며 집중하게 되면 좌뇌보다 우뇌의 기능이 활성화되고 이 우뇌 활성화 상태에서 뇌파는 알파파 상태에 도달하게 된다.

인위적으로 알파파 상태를 만들면 어떻게 될까? 당연히 집중력과 학

습력이 최대인 두뇌 조건이 만들어진다. 공부를 시작하기 전에 미리 뇌파를 알파파로 만들어 놓으면 좋다. 다음은 알파파를 만들 수 있는 방법이다.

- 명상을 한다.
- 조용한 음악을 듣는다.
- 뇌호흡을 한다.
- 한 점 응시를 한다.
- 복식 호흡을 5분간 한다.
- 뇌 활성화 손 체조를 한다.
- 뇌파 유도기를 사용한다.
- 최면 기법으로 자기 암시를 한다.

이러한 학습 예비 활동은 훨씬 짧은 시간에 뇌파가 알파파 상태가 되도록 해 준다. 이는 학습의 질과 양에도 많은 차이를 가져온다.

알파파에 대해서 조금 더 거시적인 안목으로 살펴보도록 하자.

지구의 공진 주파수는 7.83Hz이다. 이것은 1952년에 독일의 물리학자 W. O. 슈만 박사가 산출한 것으로 '슈만 리조넌스'라고 불린다. 지구 상공 100km는 전리층으로 되어 있어서 전자파에 대하여 공진 작용을 한다. 무선 통신 기술은 지구의 공진 작용을 활용한 기술이다. 즉 지구 자체가 커다란 공진기의 기능을 하고 있는 것이다. 지구 중심에 7.83Hz라는 공진 주파수가 존재한다는 것은 눈여겨볼 만하다.

느닷없이 지구의 공진 주파수를 이야기하는 것에 의아해할 수 있겠으나 여기에서 중요한 의미를 찾아볼 수 있다. 왜냐하면 약 8Hz에 해당하는 지구의 공진 주파수가 인간의 뇌파 속에도 존재하기 때문이다.

뛰어난 명상가의 인터뷰 기사 중에 다음과 같은 말이 있었다.

"지구 주파수와 뇌파를 일치시키면 깨달음의 경지에 이를 수 있습니다."

"나는 그것이(주파수가) 무엇인지 알지만 밝히지는 않겠습니다."

인터뷰에서 밝히지 않았으므로 그 주파수를 정확히 알 수는 없지만 이치를 따져 보면 그것이 바로 지구의 공진 주파수인 8Hz대임을 미루어 짐작할 수 있다.

실례로 한 연구에서 좌선을 통해 깊은 명상 상태에 있는 스님들의 뇌파를 측정해 보니 8~10Hz대였다. 이 상태에서는 두정엽 뒤쪽에 있는 특정 부위의 활동이 멈추게 되는데, 이 부위가 담당한 기능이 나와 나 아닌 것을 구별하고 판단하는 피아 식별의 기능을 하는 곳이라고 한다. 즉 깊은 명상은 뇌파를 8~10Hz대의 알파파 상태를 만들어 내고, 이때 피아 식별의 두뇌 활동이 멈추면서 나와 남의 구분이 없어지며 '우주는 만물이 구별 없이 모두 하나다.'라는 깨달음의 마음 상태에 들게 되는 것임이 과학적으로 밝혀진 것이다.

8Hz대의 지구 공진 주파수의 영역이 미드 알파파라고 불리는 인간의 뇌파 영역과 일치한다는 것은 단지 우연이라기보다는 어떤 중요한 개연성을 지닌 듯하다. 지구는 이 영역에서 공진을 일으키고 인간은 뇌파의

영역에서 무념무상, 기억력 및 집중력 최대, 직관력 증가, 스트레스 해소, 면역력 5배 이상 증가 등의 괄목할 만한 신체적·정신적 향상을 보여 주기 때문이다. 지구의 공진 주파수와 8~10Hz대의 미드 알파파는 인간의 영적·심리적·육체적 능력을 극대화시키며 두뇌 혁명, 학습 혁명을 일으킨다.

02

IQ보다 더 학업 성취와 연관 있는 3대 요인

지적 능력이 일정 수준(IQ 120) 이상일 경우는 그 이하일 경우보다 학업 성취에 미치는 영향이 크다는 것은 많은 연구 자료에 의해 입증되었다. 그런데 IQ보다 더 학업 성취와 밀접한 3대 요인이 있다.

- 학생의 자존감
- 학업적 자기 효능감
- 주의 집중력

학생의 자존감

인지 심리학자들의 견해를 보면 자존감이란 '개인이 평소에 자신에 대해 내리는 평가를 뜻하며, 이것은 자기 자신을 능력 있고, 의미 있으며, 성공적이고, 가치 있는 존재로 믿는 정도'를 나타낸다고 하였다. 또한 자존감은 대인 관계를 원만히 유지하게 하고 건전한 성격 발달의 기반이 되며 목적에 대한 성취에도 영향을 끼치므로 인간의 궁극적인 행복을 느끼기 위해 높은 자존감은 필수라고 하였다. 행위에서 무언가를 성취해 내는 것은 자신의 자존감과 깊은 연관성을 가지고 있다.

자존감은 자기 관용, 자기 수용과도 관련이 있어 자존감이 높을 경우 타인의 평가에 크게 의존하지 않으며 자신의 실수나 부족한 부분에는 관대하게 수용하는 모습을 나타낸다. 반대로 자존감이 낮을 경우 자신의 실수와 잘못하는 것을 크게 부끄럽게 여기는 경향이 있으며, 타인의 시선을 많이 의식하기 때문에 패쇄적이거나 공격적이며 자기 비하적인 방법으로 방어기제가 나타나기도 한다.

청소년기의 자존감이 자신과 사회에 어떤 영향을 미칠 것인가를 생각해 보면 자존감의 중요성을 잘 알 수 있다. 자존감이 높은 청소년에게는 자존감이 앞으로 자신과 사회에 긍정적인 역할을 하는 원동력으로 작용하겠지만, 자존감이 낮은 청소년에게는 자존감이 자신에게나 사회적으로 부정적인 행동을 일으키는 원인이 되기 때문이다.

학업적 자기 효능감

2장의 피그말리온 이펙트에서 언급했던 자기 효능감도 학업과 연계되면 학업 성취의 3요소 중 하나가 된다. 앞서 자기 효능감이란 특정한 문제를 자신의 능력으로 성공적으로 해결할 수 있다는 자기 자신에 대한 신념이나 기대감을 나타내는 것이라고 했다. 학업의 측면에서 보면 자기 효능감을 가지고 있는 학습자들은 자신에게 주어진 과제에 집중하지만, 자기 효능감을 가지고 있지 않은 학습자들은 무력감을 느끼고 자신에게 주어진 과제를 회피하려는 경향이 나타나기도 한다. 나아가 학업적 자기 효능감은 학습자의 과제 선택, 과제에 대해 투자하는 노력의 양과 질, 어려움에 봉착했을 때 쉽게 포기하지 않고 끈기 있게 매달리는 정도, 효과적인 학습 전략의 수행 여부 등 성공적인 학업 성취를 위한 다양한 측면에 결정적인 영향을 미치는 것으로 밝혀졌다.

또한 학업적 자기 효능감이 높은 학습자는 스스로 도전적인 과제를 선택하고 주어진 과제를 성공적으로 수행하기 위해 더 많은 노력을 기울이며 어려움이 있어도 끈기 있게 과제를 지속하려는 경향이 강하다. 반면에 학업적 자기 효능감이 낮은 학습자는 자신에게 부담이 되거나 위협적인 상황을 무서워하고 피하려 하며, 조절이 쉽다고 생각하는 상황만을 선택하고 행동하려는 경향을 보인다. 이렇게 학업적 자기 효능감은 학습 동기 부여와 직접적으로 관련이 있고 학습 동기의 원천으로 작용할 수 있다는 점에서 더욱 중요하게 부각되고 있다.

한 마디로 '할 수 있다.'라고 하는 학업적 자기 효능감을 키우기 위해서는 암시 기법을 활용하는 것이 효과적이다. 간단하게는 취침 전후로 하루에 두 번씩 욕실 거울 속에 비친 자신의 눈을 바라보며 '믿는다.', '할 수 있다.'라는 말을 20회 정도 반복해서 말한다. 이것만으로도 상당한 심리적 효과를 기대할 수 있다.

주의 집중력

주의 집중력이 좋다는 것은 자기가 좋아하는 분야에 몰입하는 능력이라기보다는 필요한 일에 고루 적절하게 집중을 분배할 수 있는 능력이 있다는 의미이다. IQ가 130에 이른다 할지라도 학업 성취 3요소가 바탕이 되지 않는다면 비록 좋은 성적을 낸다 하더라도 단발성 이벤트로 끝이 날 가능성이 매우 높다. 소위 머리는 좋으나 성적이 일정치 못하고 들쑥날쑥한 아이들이 이 부류에 속한다.

높은 IQ와 집중력이 별개라는 것은 주의력 결핍 과잉행동장애를 가진 이들을 보면 더 확실히 알 수 있다. ADHD라고 불리는 주의력 결핍 과잉행동장애의 소견을 보이는 경우에도 의외로 많은 사람이 평균 이상의 IQ 수치를 보인다는 분석 결과가 나온 바 있다. IQ는 168에 이르지만 병원에서 ADHD 진단을 받아 메칠페니데이트라는 증상 완화제를 지속적으로 복용하는 사람의 예를 접한 적도 있다.

ADHD 처방약에 대해서 조금 더 살펴보자. 메칠페니데이트는 ADHD의 치료제로 알려져 있으나 치료 효과보다는 증상 완화의 효과를 기대하고 사용해야 한다. 공부 잘하는 마법의 약으로 알려져 정상인임에도 오남용하는 사례를 심심치 않게 접할 수 있다.

 메칠페니데이트의 약리 작용은 뇌 내에서 도파민 수용체에 의한 재흡수를 제한하여 도파민의 활성도를 지속시킴으로써 중추 신경계의 활성을 증가시켜 각성 효과를 주며 피로를 방지하고 주의력을 향상시킨다. 그런데 도파민이라는 것은 항상 그 밸런스가 유지되어야 하는 물질로 균형이 깨지면 위험하다. 활성도가 적정치 이상으로 높아지면 정신분열증 증상이 나타나고, 활성도가 적정치 이하로 낮아지면 파킨슨병에 걸리게 되는 불안정한 물질이다. 그러므로 만약 도파민의 활성도가 밸런스를 이루는 정상인이 메칠페니데이트를 복용하여 임의로 도파민의 활성도를 조절하게 되면 많은 부작용에 노출될 수 있다. 또한 중추 신경계에 작용하는 기전이 코카인과 유사하기 때문에 메칠페니데이트를 잘게 부수어 코로 흡입한다든지 혈관에 직접 주사했을 경우에는 코카인을 흡수했을 때와 비슷한 효과가 나타난다. 즉 마약과 같은 중독성을 가질 수 있기 때문에 오남용에 극히 주의를 기울여야 한다.

03

집중력은 트레이닝을 통해 향상시킬 수 있다. 권장되는 프로그램을 정리하면 다음과 같다.

- 주제 명상 훈련
- 집중표 응시 훈련
- 이미지화 훈련
- 듣기 훈련
- 숫자 훈련
- 잔상 훈련

위의 훈련들을 조합하여 주 3회, 1회 75분씩 해 주면 집중력을 상당히 높일 수 있다. 이는 학업 성취도의 향상으로 확인된다. 제시된 훈련을 간략히 살펴보자.

주제 명상 훈련

최소 15분에서 시작하여 훈련이 거듭될수록 30분까지 시간을 늘려 간다. 하나의 긍정적인 주제를 정하고 주어진 시간 동안 차분히 앉아 눈을 감고 고르게 호흡하며 그 주제에 대해 생각을 펼쳐 나가는 훈련이다.

- 공부에 방해되는 것 살펴보기
- 나의 미래 특정 시점 그려 보기
- 공부한 것 떠올려 보기
- 내게 부족한 점 찾아보기
- 변화하는 내 모습 살펴보기 등

집중표 응시 훈련

반복된 원이 중첩되어 중간으로 모이는 도형표를 사용하여 중간의 점에 초점을 맺고 가만히 응시하는 훈련이다. 훈련 시간은 10분 정도로 한다. 속독 훈련 중의 응시 훈련으로 대체 가능하다.

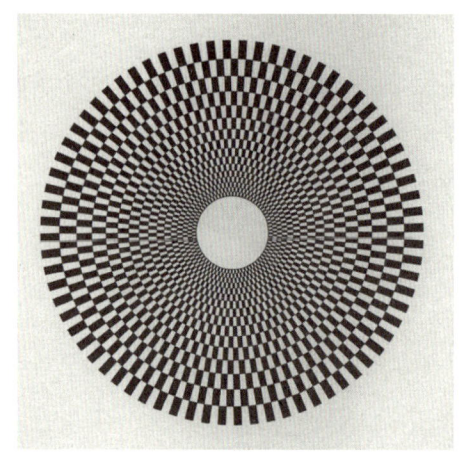

이미지화 훈련

묘사가 된 글을 읽은 후 또는 경험한 적이 있는 특정 장소를 선명히 영상화하여 떠올려 보는 훈련이다. 이때의 포인트는 2차원 평면 영상이 아니라 3차원 공간 개념으로 떠올려야 한다는 것이다. 또한 흑백이 아닌 컬러로 영상을 떠올려야 한다. 그리고 그 공간에 가상의 자신을 들여다 놓는다. 3차원 컬러 영상화가 선명할수록 더 깊은 집중 상태를 경험할 수 있다. 10분 내에 깊은 상태에 이를 수 있도록 훈련한다. 속독 훈련의 영상화와는 다르다. 속독에서는 빠르게 영상화하고 끝나지만 이미지화 훈련은 10분 동안 한 장면에 몰입하도록 한다.

듣기 훈련

학생 스스로 자신의 학습에 책임을 지고 학습의 주도적 주체로서 학습자 역할을 수행할 수 있도록 하는 내용으로 준비한다. 자신의 생각과 신념을 긍정적이고 자기 주도적으로 변화시키고자 하는 의도를 포함하는 것이 좋다. 올바른 가치관과 미래에 대한 확고한 신념으로 어떠한 어려움에도 흔들리지 않는 인내와 용기로 자신의 미래를 개척하고 자신의 삶을 객관적으로 바라볼 수 있는 내용을 위주로 하는 것이 효과적이다. 수학, 과학과 관련한 내용을 퀴즈 형식으로 구성하여 흥미를 높이는 등의 요소를 가미하여도 좋다. 10분 정도 실시한다. 이 훈련은 속청 훈련으로 대체할 수 있다.

숫자 훈련

4칙 연산을 돌아가며 반복하는 훈련이다. 직관적으로 답을 내지 말고 마음속에 칠판을 만들고 그 칠판에 4칙 연산을 써 가며 암산하는 과정으로 진행한다. 10분 정도 실시한다. 나중에 설명할 덧셈 구구단, 곱셈 속셈법을 혼용하여도 좋다.

잔상 훈련

잔상 훈련은 초침이 움직이는 시계를 활용한다. 벽에 걸려 있는 시계를 1분간 바라본 다음, 그 시계의 모습을 자신 앞에 놓인 도화지에 그대로 떠올려 보는 훈련이다. 도화지에 떠올린 시계의 잔상 속에서도 초침은 계속 움직이는 것이 좋다. 잔상 속의 초침이 4분을 더 흐를 때까지 훈련을 지속한다. 즉 훈련에 5분의 시간을 배정한다.

 집중력 프로그램과 성적 향상의 관계

6가지 집중력 트레이닝 프로그램은 모두 우뇌를 활성화시키는 것이다. 그렇다면 이 집중력 프로그램으로 실제로 얼마나 성적이 향상되었는지 연구 결과를 보자.

집중력 훈련과 성적 향상 관계

M(SD)

변인 \ 집단	사전 (N=30)	사후 (N=30)	합계 (N=60)	t
전체 성적	73.27(12.84)	81.85(9.09)	77.57(11.83)	−2.827**
국어	78.00(13.86)	84.60(8.75)	81.30(11.97)	−2.205*
수학	65.63(22.28)	76.77(13.51)	71.20(19.11)	−2.340*
영어	76.90(14.67)	83.53(13.62)	80.22(14.43)	−1.815
과학	73.50(17.36)	82.77(14.50)	78.13(16.53)	−2.244*
사회	75.80(16.92)	82.53(14.50)	79.17(15.99)	−1.655

*p<.05, **p<.01, ***p<.001

위 표는 서울 강남의 중학교 1, 2, 3학년 학생 30명을 대상으로 15주 동안 집중력 트레이닝을 실시한 후에 성적 향상 변화의 유의미성을 연구한 논문에 수록된 것이다. 대상 과목 모두에서 성적 향상을 확인할 수 있다. 이로써 IQ를 높이기 위한 트레이닝보다 집중력을 향상시키는 트레이닝이 성적 향상과 더욱 밀접한 연관성이 있음을 알 수 있다.

우뇌 활성화를 통한 초집중력의 배양은 IQ가 높고 낮음에 상관없이 훈련되어야 한다. 우수한 IQ보다는 우수한 집중력을 가진 편이 학업 성취에 더 긍정적인 영향을 미친다.

04
학습 잠재기를 지나면 실력이 향상된다

자신의 학습 잠재기를 파악하라

집중력 훈련이나 두뇌 트레이닝을 하면 과연 머리가 얼마나 좋아졌을지 궁금해진다. 두뇌 훈련을 근력 훈련에 비유하기도 하는데 변화 과정이 일치하지는 않지만 웨이트 훈련을 통해 근육이 강화되듯이 두뇌력 또한 훈련을 통해 능력치가 상승하게 된다.

근육은 근력 운동으로 근육의 세포가 파괴되고 그 파괴된 근육의 치유를 위해 새로운 근육 세포가 생성되는 과정을 통해 점점 강한 근육을 가지게 된다. 그러나 훈련과 학습을 통한 두뇌력 향상은 근육의 발달 과정과는 다른 모습을 보이는데 트레이닝을 일정 기간 동안 열심히 하더라도 그날그날 향상되는 느낌을 바로 체감하기는 힘들다. 이처럼 변화가 없는 것같이 느껴지는 기간을 '학습 잠재기'라고 한다. 통상 학습 잠재기로 3개월 정도를 보는데 3개월 동안 특정 훈련을 꾸준히 해 주면 어느 날 느닷없이 실력이 향상된 것을 느끼게 되는 시점이 온다. 이 시점을 '학습 역치점'이라고 한다.

평균적인 학습 잠재기는 3개월이지만 이는 개인의 성향과 조건에 따라 크게 차이가 나타날 수 있는 부분이기도 하다. 만약 A라는 사람은 학습 잠재기가 2.5개월인데 B라는 사람은 3.5개월의 잠재기를 가진다고 가정하자. 결국 3.5개월의 학습 잠재기를 가진 B보다는 2.5개월의 잠재기를 가진 A가 학습에서 무조건적 우위를 차지하게 된다.

그러다 보니 실제 학습 과정에서 3.5개월의 학습 잠재기를 가진 B에게 문제가 발생할 소지가 있다. B의 입장에서는 A와 똑같은 기간을 공부했는데 A는 2.5개월쯤 하니까 실력이 부쩍 느는 것이 보이는데 자신은 같은 기간 노력을 했음에도 실력의 향상이 기대 이하가 되면 낙담하고 스스로 '역시 나는 안 돼.'라는 자격지심을 가지게 된다. 심각할 경우는 학습을 포기하고자 하는 마음에 이르기도 한다. 타인과 비교하지 않고 1개월만 더 노력을 기울이면 자기에게도 분명히 실력이 부쩍 향상되는 학습 역치의 시기가 오는데도 자신의 학습 잠재기의 기간이 얼마인지 몰랐기 때문에 중도 포기라는 안타까운 상황에 직면하게 되는 것이다.

학습 잠재기는 두뇌가 특정 기능에 대한 소프트웨어를 만드는 기간

자신의 학습 잠재기가 얼마인지 파악해 두는 것은 이처럼 큰 의미를 지닌다. 그러나 학습 잠재기의 파악에는 적어도 몇 개월이라는 시간이 필요하기 때문에 학습의 역치를 경험할 때까지는 꾸준히 트레이닝을 지속하는 끈기가 필요하다.

이는 두뇌 작용의 메커니즘 때문에 일어나는 현상이다. 학습 잠재기란 두뇌에서 특정 기능에 대한 활용 소프트웨어를 만들어 내는 소요 시간의 개념이다. 사람은 개인차에 의해 역치에 이르는 학습 잠재기가 다를 뿐, 그 기간 차는 그렇게 크지 않음을 명심하고 결코 중도에 포기하지 않는 것이 중요하다.

두뇌 트레이닝은 학습 잠재기를 단축시킨다

수면 아래에 숨겨진 부분이 전체의 70%를 차지하는 빙산처럼 집중력 훈련과 두뇌 트레이닝의 궁극적인 목표는 당장의 성적 향상이 아니라 학습 잠재기를 단축시키는 것에 있다. 1년이 걸릴 외국어 학습을 6개월 만에 해내게 되고 3년 준비할 시험을 2년 만에 합격할 수 있게 되는 능력을 배양하는 것, 그것이 진정한 학습 혁신이기 때문이다.

학습 잠재기와 역치 현상

두뇌력 발달 곡선		M : 학습 잠재기(능률 침체)
	M	M1　　M2　역치 현상
기초 단계 기존 능력의 발현	**수준 유지 단계** 매너리즘 경험 중도 포기 나타남	**잠재 능력 개발** 역치 현상 나타남 잠재기가 짧아짐

05

미네랄이 부족하면 집중력이 떨어진다

초집중 메커니즘 등 두뇌 또는 두뇌력 향상에 관한 모든 노력을 단번에 무력화시킬 수 있는 것이 있다. 바로 미네랄 부족에 관한 문제이다. 세계 각국의 정부 기관 보고서에 의하면 전 세계적으로 미네랄 부족 현상은 심각한 수준이라고 한다. 미네랄이 부족하면 인체의 신진 대사에 심각한 지장을 초래한다.

미네랄은 필수 5대 영양소로 불리며 우리 인체의 3.5%를 구성하고 있다. 이 중 칼슘이 전체 몸무게의 2% 정도를 차지하고 있으니 칼슘을 제외한 미네랄은 1.5% 정도밖에 되지 않는다. 즉 체중이 60kg인 사람은 0.9kg 정도가 칼슘을 제외한 미네랄로 이루어져 있는 것이다.

미네랄은 비타민과 단백질, 지방, 탄수화물의 대사에 유기적으로 연결되어 있기 때문에 부족하면 이와 연결된 대사 작용에 문제가 발생한다. 그런데 이것은 해당 대사 작용에만 국한하여 영향을 미치는 것이 아니라 도미노가 쓰러지듯 인체의 다른 대사 작용에도 영향을 미쳐 전반적인 신체의 부조화를 초래한다. 특히 마그네슘이나 아연의 수치가 정상치보다 낮을 경우 만성피로 증후군이나 ADHD라고 불리는 주의력 결핍 과잉행동장애 등의 증상이 나타날 수 있다.

필수 미네랄 12가지 중 학습자가 우선 주목해야 할 것은 아연이다. 앞서 해마의 기능에 대해 설명했는데 아연이 부족하게 되면 해마의 기능이 현저히 떨어지게 된다. 해마는 우리가 접하는 모든 정보를 일차적으로 저장해 두는 작용을 하는데 이러한 일차 기억 저장 작용에 문제가 발생하게 되는 것이다. 체내에 아연이 부족한 상태라면 공부한 것이 머리에 남지 않게 된다는 말이다. 이렇게 아연이 학습에 미치는 영향력이 크기 때문에 아연을 '학습 미네랄'이라고도 부른다.

학습에 치명적인 ADHD의 경우 치료약(증상 완화제)은 보급되고 있으나 아직도 발생 원인은 명확히 규명되지 않고 있다. 그런데 많은 학자가 아연 부족과 ADHD 발생이 무관하지 않다는 견해를 피력하고 있다. 울산대 의대 신경과 고재영 교수는 "뇌에 천연 아연이 부족하면 치매에 걸린다."는 내용의 논문을 발표하기도 했다.

아연이 부족하면 두뇌력 저하를 시작으로 공격 성향 증가, 아토피 피부염 발생, 중금속을 해독하는 단백질 생성 부족으로 인한 성장 장애 우려 등의 문제점이 나타난다고 한다.

경희대 식품영양학과 박현수 교수는 3~6세의 유아 273명을 대상으로 모발 검사를 통해 체내 무기질 함유량을 분석하고, 90.8%에 해당하는 247명의 유아가 아연이 상당히 부족한 상태에 있다는 조사 보고서를 발표하기도 했다. 편식이 주된 원인이겠으나 학생들에게 아연이 부족한 상황은 우려할 수준을 넘어섰다.

두뇌에 아연이 부족하면 제 아무리 좋은 보약을 먹고 기발한 방법을 동원한다 해도 집중해서 공부할 수 없게 된다. 밀가루 없이 빵을 만들 수 없는 것과 같다. 아무리 훌륭한 학습 지도와 교육을 한다 해도 집중력이 부족해 책상에 오래 앉아 있지 못하는 학생의 경우는 아연 부족을 의심해 보는 것이 좋다. 집중하기 위해 애를 써도 몸과 마음이 따라주지 않으니 하고 싶어도 못하는 학생 자신은 오죽 답답하겠는가? 집중력 훈련과 두뇌 트레이닝을 하기 전에 학생의 몸에 부족한 필수 미네랄 12가지를 보충해 주는 것이 최우선되어야 한다.

미네랄은 신선한 재료로 만든 음식을 통해 섭취하는 것이 가장 바람직하다. 그런데 문제는 토양도 미네랄 부족이 심각하다는 것이다. 지질시대 이후 토양에 있는 미네랄은 오랜 기간 빗물에 의해 씻겨 내려가서 현대에 이르러서는 식물 자체가 미네랄 부족 상태를 겪고 있다. 여기에 화학 비료, 제초제의 사용은 식물의 미네랄 흡수를 방해하기까지 한다.

일본의 과학기술청에서 조사한 자료에서는 1952년에 시금치 1단으로 섭취 가능했던 철분의 양이 1993년에는 시금치 19단을 섭취해야 겨우 같은 수준의 철분을 얻을 수 있음을 보여 준다. 그만큼 토양의 미네랄 부족이 심각한 상황이기에 신선한 재료를 통해 충분한 미네랄을 공급받고자 하는 바람은 이미 불가능한 일이 되어버렸다.

최선책은 아니지만 그래도 다행히 시중에는 많은 종류의 복합 미네랄 제재가 판매되고 있다. 학생이라면 미네랄 제재의 성분 중 칼슘, 마그네슘, 아연의 함유량이 높은 것을 선택하면 된다. 여기에 더하여 종합 비타민 제제의 섭취도 권장한다. 비타민에 대해서는 많은 정보를 접해 왔을 것이므로 더 이상 언급은 하지 않겠지만 집중력과 학습 능률이 뛰어난 학생으로 거듭나기 위해서는 미네랄과 비타민의 충분한 공급이 우선되어야 함을 다시 한 번 강조한다.

잠재의식을 개발시켜라

인간의 잠재 능력은 어디까지일까?

주위를 둘러보면 각 분야마다 수많은 고수가 존재한다. 평범한 인간의 능력이라고는 믿을 수 없는 경지에 올라 있는 고수들의 모습은 경이롭기까지 하다.

서번트 신드롬의 주인공들, 무술의 고수들, 수많은 초능력자, 종교적 치유력을 가진 이들, 뛰어난 최면술사들, 아직 과학으로는 명쾌히 설명되지 않는 신비한 능력을 가진 사람들…. 도대체 이들은 어떻게 그러한 능력을 가지게 된 것이며 범상치 않은 능력 발현에 관계된 잠재의식의 영향력은 또 어떠한 의미를 가지는가.

인도의 유명한 철학자이자 영적 지도자로 활동한 오쇼 라즈니쉬는 다음과 같은 개념을 남겼다.

"생각이 마음을 움직이고 마음이 육체를 움직인다."

대한민국 최고의 영능력자로 알려진 차길진 씨는 이런 말을 하였다.

"생각이 영을 움직이고 영은 육체를 움직인다."

최면 연구가들의 시범을 보면, 최면 상태에서 어린 아이가 엄지와 검지만으로 100원짜리 동전을 구부리고, 4자릿수 곱하기 4자릿수의 암산을 하며, 유체 이탈을 해서 숨겨둔 물건을 찾아내는 등 놀랍기 그지없다. 류한평 박사, 김영국 교수, 설기문 교수, 엄영문 박사 등 최면 전문가들이 공통되게 주장하는 내용이 있다.

"표면 의식(의식적 자아)의 깊은 곳에는 잠재의식(무의식적 자아)이 있고, 이 잠재의식의 능력은 무한하다."는 것이다.

오쇼 라즈니쉬와 차길진 씨가 말한 '생각'이란 것이 최면 전문가들이 말하는 '표면 의식(의식적 자아)'을 지칭하는 것이라면 오쇼 라즈니쉬와 차길진 씨가 말하는 '마음'과 '영'이라고 하는 것은 결국 최면 전문가들의 '잠재의식(무의식적 자아)'과 동일 개념이라고 해도 좋을 것이다.

그렇다면 '잠재의식의 능력'은 다른 말로는 '영능력'이 되는 것이고 또 다른 말로는 '초심력'이 되는 것으로 이해할 수 있다. 이 논리를 조금만 확장해 보면 다음과 같다.

잠재 능력 개발 = 영능력 개발 = 초심력 개발

잠재의식에 내재된 능력의 개발은 지금은 눈에 보이지 않는 학생의 미래가치를 찾아내는 황금 열쇠와 같은 역할을 한다. 잠재 능력의 개발은 표면 의식을 뚫고 들어가 잠재의식의 깊은 곳에 신호가 닿아야 한다. 이를 위한 외적인 접근 또는 행동학적 자극에 의한 접근 방법으로 선택된 행위를 '공부' 또는 '수련'이라고 부른다.

공부(工夫)의 중국식 발음은 쿵후이다. 현재 우리가 쓰고 있는 쿵후(功夫)는 공부(工夫)의 옛 표기이기도 하다. 지금은 한자를 다르게 쓰고 있지만 그 쓰임의 근원은 같다.

현재 쿵후(功夫)는 중국 무술을 총칭한다. 우슈(武術) 또한 쿵후의 범주에 속한다. 쿵후를 익힌다는 것은 몸과 마음을 함께 수련하는 것을 말한다. 마음의 수련을 통해 내면의 공(內功)을 이루고 쿵후의 동작들을 습득해 가면서 외면의 공(外功)을 이룬다. 이렇게 쿵후를 익혀 가는 과정을 '단련(鍛鍊)한다.'라고 표현한다. 단련에서 단(鍛)이란 쇠를 불에 달구어 불리는 과정을 말하고, 련(鍊)이란 쇠를 두들기는 과정을 말한다. 몸과 마음을 수련하는 것이 쇠를 달구고 두드리는 것만큼 정성이 필요한 어려운 일이라는 의미를 품고 있는 것이다.

단련이라는 단어는 원래 명검을 제련할 때 쓰는 표현이었다. 거궐(巨

闕)이라는 명검은 쇠를 무 자르듯 할 수 있고 쇠의 잘린 자리를 보면 기포 자국이 눌리지 않고 그대로 남을 만큼 예리하다. 이러한 명검을 만들기 위해서는 쇠를 정성껏 단련해야 한다. 이때 100일 동안 쇠를 달구고 불리고 두들기는 것을 단이라 하고, 1,000일 동안 쇠를 달구고 불리고 두들긴 것을 련이라고 표현했다. 거궐 같은 명검을 만들기 위해서는 1,000일은 족히 련해야 했던 것이다. 단련은 명검이 만들어지기까지는 많은 정성과 세월이 필요함을 말하고 있다. 단련이라는 말 속에는 '최소 100일에서 1,000일 동안의 정성'이라는 의미가 담겨 있다.

공부와 수련은 100일에서 1,000일까지의 단련 과정이고 그동안 각성 신호는 잠재의식의 문을 열고 감추어진 능력을 끌어내기 위한 작업을 한다. 그렇다면 보다 쉽게 잠재의식에 접근할 수 있는 방법은 무엇일까? 그 방법으로 최면을 통한 최면 암시가 있다.

집중력 향상 암시법, 엘먼 인덕션

암시란 어떤 자극이나 작용에 대하여 이성에 호소함이 없이 수동적·무비판적으로 반응하는 과정으로, 그것이 타인으로부터 전해진 것이라는 생각을 하지 않고 마치 자기 자신이 생각해 낸 것같이 믿고 거의 자동적·일방적으로 어떤 태도를 취하거나 판단을 내리게 하는 심리 자극이다. 또한 플라시보 효과, 피그말리온 효과, 자기 효능감, 최면 암시 등이 모두 포함되는 포괄적 개념이다.

암시는 긍정 암시와 부정 암시로 나누어진다. 예를 들어 신뢰를 형성한 상대로부터 위약을 받아먹고 치유 효과가 발생하는 플라시보(젖당, 우유, 녹말, 생리식염수, 증류소로 만든 위약) 효과의 경우에는 긍정적인 암시에 속한다. 반대로 신선한 우유임에도 음료 후 박테리아가 들어 있었다는 이야기를 듣고 배탈이 나는 경우는 노세보스 효과라고 하며 부정적인 암시에 속한다. 암시의 측면에서 보면 플라시보 효과는 긍정의 결과를 유도하는 '자기 성취 예언'에 해당하며, 노세보스 효과는 부정의 효과를 유도하는 '자기 파괴 예언'에 해당한다. '자기 성취 예언'의 개념은 '자기 효능감'과 의미가 유사하다.

암시 기법을 교육 현장에서 사용하여 학생들의 학업 신장을 이루었던 실례를 살펴보자. 아래 실험에서는 '피그말리온 효과'가 응용되었다.

교육학자이자 심리학자인 로젠탈과 제이콥슨은 미국 샌프란시스코의 한 초등학교에서 전교생을 대상으로 지능 검사를 실시한 후, 검사 결과와 상관없이 무작위로 한 반에서 20% 정도의 학생을 뽑았다. 그 학생들의 명단을 교사에게 주면서 '지적 능력이나 학업 성취의 향상 가능성이 높은 학생들'이라고 믿게 하였다. 8개월 후 이전과 같은 지능 검사를 다시 실시하였는데 그 결과 명단에 속한 학생들은 다른 학생들보다 평균 점수가 높게 나왔다. 뿐만 아니라 학교 성적도 크게 향상되었다. 그들은 명단에 오른 학생들에 대한 교사의 기대와 격려가 성적 향상의 중요한 요인이라고 보고, 이 연구의 결과로서 교사가 학생에게 거는 기대가 실제로 학생의 성적 향상에 효과를 미친다는 것을 밝혔다.

암시가 효과를 나타내는 것은 무의식과 의식에 직접 작용하기 때문이고, 우리의 뇌와 몸이 그만큼 밀접한 관계를 맺고 있기 때문이다. 암시에 의해 뇌에서 분비되는 호르몬이 변할 수 있고, 이는 몸의 면역학적 반응과 행동학적 반응을 유발하기까지 한다.

『시크릿』(Rhonda, 2007)은 이러한 긍정적 암시의 효과를 집중 조명하여 세계적 베스트셀러로 이슈가 되었다. 그 책에서는 진심이 담긴 믿음으로 긍정적이고 좋은 생각을 일관되게 가지며, 자기가 원하는 것을 이미지화하여 떠올리기를 하면 우주 인력의 법칙에 의해 원하는 것, 원하는 삶을 얻을 수 있다는 것을 실례를 통해 이야기하며 독자를 설득하고 있다.

『왓칭』(김상운, 2011)에서는 긍적적 암시의 효과가 발현하는 이유를 양자 역학을 통해 설명하였다. 물질의 최소 단위인 미립자는 관찰자 효과에 의해 생명체처럼 반응한다는 내용으로, 『시크릿』에서 이야기한 인력의 법칙을 미립자의 개념을 도입하여 풀어냄으로써 긍정적 암시 효과에 대한 기대와 신빙성을 높였다.

그런데 두 책에서는 긍정적 암시가 행해지기 전의 선제 조건에 대해서는 언급하지 않아 아쉬움이 있었다. 그것은 타인 암시의 경우에 피암시자는 암시자에 대한 깊은 신뢰가 있어야만 하며, 자기 암시의 경우에는 스스로에 대한 자기 존중감(자존감)이 있어야만 긍정적 암시의 효과를 기대할 수 있다는 점이다.

『마시멜로 이야기』(호아킴 데 포사다, 2009)는 '자기 절제의 미학'에 대한 주제를 다룬 베스트셀러이다. 4세의 어린이들에게 마시멜로를 주고 "선생님이 나갔다 올 동안 참으면 더 많은 마시멜로를 먹을 수 있다."고 말하고 자리를 비우는 마시멜로 실험(1966년에 스탠포드대학교 미셸 박사에 의해 행해졌다.)을 한 뒤, 15년 후에 추적 조사를 한 결과를 예로 들며 설명하였다. 15년 후 청소년기의 추적 조사에서 선생님이 올 때까지 먹지 않고 참고 있던 아이들은 참지 못하고 마시멜로를 먹어 버린 아이들에 비해 훨씬 우수한 성적을 내고 있었으며, 중년이 된 후에도 성공한 삶을 지속하고 있더라는 내용이다.

그런데 여기에는 반전이 있다. 마시멜로 실험은 책에서 이야기한 '자기 절제의 미학'에 대한 실험이 아니었다는 것이다. 사실은 부모와 자식 간의 '신뢰'에 대한 실험이었다.

아이가 4세가 될 때까지 가장 큰 영향을 미치는 사람은 부모이다. 아이가 부모에게 신뢰를 가진 경우, 이 아이는 다른 어른도 자신에게 신뢰 있는 행동을 할 것이라고 믿는다. 그래서 실험 당시 마시멜로를 먹지 않고 참을 수 있었던 것이다. 선생님이 다시 돌아오면 더 많은 마시멜로를 줄 것임을 믿었기 때문이다. 반면 부모에게 신뢰가 없는 아이는 다른 어른도 신뢰하지 않기에 선생님이 돌아오기를 기다리지 않고 마시멜로를 먹어 버린 것이다. 돌아온 선생님에게 더 많은 마시멜로를 얻을 수 있다는 믿음이 없었기에 나타난 당연한 행동이었다.

즉 마시멜로 실험은 부모와의 신뢰가 공고한 가정에서 성장한 아이들이 청소년기에 훨씬 우수한 성적을 거두고 성공한 어른으로서의 삶을 산다는 이야기이다. 자기 절제의 미학은 신뢰 있는 가정에서 자연스레 형성된 부수적인 심리 효과였던 것이다.

정리하면 긍정적 암시는 외적으로는 신뢰 형성의 문제이며 내적으로는 자존감의 문제이다. 2가지가 전제되지 않으면 암시의 효과는 떨어진다.

에밀 쿠에. 프랑스의 심리학자. 자기 암시의 창시자.

약사이자 자기 암시 요법의 창시자인 에밀 쿠에(Emile Coué)는 플라시보 효과를 처음으로 발견하고 그것을 규명하기 위해 연구하였다. 그 결과 '상상력은 어떠한 생각이나 의식보다 강력한 것으로 상상력을 가미한 반복적 암시는 몸과 마음을 변화시킨다.'는 생각을 정립하고 임상 실험을 통해 효과를 증명해 냈다. 그는 다음과 같은 유명한 자기 암시 문구를 남겼다.

"나는 매일매일 모든 면에서 점점 더 좋아지고 있다."

그는 이 말을 매일 아침저녁으로 눈을 감고 20번씩 암송할 것을 제안하였다. 자기 암시를 할 때에는 미래의 좋아진 모습을 상상하며 그 성취감과 희열감을 느껴 볼 것을 강조하였다. 앞서 자기 효능감을 높이기 위해 취침 전후에 거울을 보며 '믿는다.' '할 수 있다.'를 읊조리는 것도 같은 맥락에서 나온 응용법이다.

암시의 효과에 대해 이해가 되었다면 보다 적극적인 기법으로서 집중력 향상을 위해 활용해 볼 '엘먼 인덕션(Elman Induction)'에 대해 알아보자.

엘먼 인덕션이란 데이브 엘먼(Dave Elman)이 창안한 최면 유도 기법을 말한다. 전통적인 최면 유도법으로는 점진적 이완법, 자율 훈련법, 심상화 유도법이 있는데 엘먼 인덕션 기법이 이들과 다른 가장 큰 특징은 '급속 최면이 가능한 암시법'이라는 것이다.

데이브 엘먼. 미국의 최면 전문가.

전통적 최면 기법들은 심신의 이완 과정이 큰 부분을 차지하기 때문에 최면을 유도하는 데 많은 시간이 필요했다. 데이브 엘먼은 이를 보완하여 4분 내로 최면에 들게 하는 급속 최면 기법을 창안했다. 현대에는 주로 엘먼의 기법을 활용하기 때문에 엘먼 인덕션을 '현대 최면'이라고도 부른다.

엘먼 인덕션은 최면 진행 과정에서 피험자의 최면 몰입 상태를 체크할 수 있는 테스트가 포함되는 등 최면 유도 기법이 공식화되어 있다. 그래서 최면 전문가가 아닌 경우에도 기본적인 엘먼 인덕션 공식에 원하는 암시를 추가하여 사용할 수 있다. 그래서 집중력과 학습 능률 향상을 위한 암시 기법으로의 응용도 가능하다. 엘먼 인덕션의 이완을 위한 기본 공식은 다음 3가지로 정리되는데 어렵지 않기 때문에 누구든지 쉽게 접근할 수 있다.

1. 눈꺼풀 붙이기
2. 팔 떨어뜨리기
3. 숫자 거꾸로 세기

눈꺼풀 붙이기와 팔 떨어뜨리기는 신체의 이완을 유도하고, 숫자 거꾸로 세기는 마음의 이완을 유도한다. 나는 엘먼 인덕션을 통한 자기 암시의 효과를 검증해 보기 위해 기본 유도문 공식에 수면 유도, 정신 집중 유도, 피아노 잘 치기, 전생 체험 등 몇 가지 종류의 암시문을 만들어 녹음하여 두고 체험해 보았다. 그 결과 수면 유도문은 분명히 수면에 드는 시간을 단축시켜 주었고, 나머지도 암시의 과정을 거친 후 능률이 향상되었다. 그럼 이제 기본 공식이 포함된 엘먼 인덕션의 실제 유도문을 소개하겠다.

단, 이 유도문을 날마다 들을 필요는 없다. 자녀에게 적용한다면 일주일에 한 번 정도로도 만족할 만한 변화를 기대할 수 있다. 또한 자기 암시에 사용할 경우에는 공부를 시작하기 전에 3분 정도의 시간을 할애하여 눈을 감고 심호흡을 한 다음에 집중의 방을 방문해 보는 것도 좋은 활용법이 될 수 있다.

 **집중력 향상을 위한 최면 암시문**

(문장 사이의 빈 행은 말의 템포를 조절하는 기능을 합니다.)

편안하게 눈을 감고 호흡을 합니다. 온몸을 편안하게 이완시킵니다. 자신의 눈꺼풀도 편안하게 풀어줍니다. 잠을 잘 때 눈을 감고 있는 것처럼 눈꺼풀의 힘을 완전히 빼 줍니다. 눈꺼풀만 편안하게 풀려도 온몸과 마음이 아주 편안해집니다. 충분히 풀어 본 다음에 테스트할 수 있습니다. 눈을 떠 보려고 시도를 합니다. 힘을 주면 당연히 떠집니다. 눈꺼풀의 힘을 완전히 풀었다가 눈을 뜨는 것을 천천히 몇 번 반복하는 동안 눈꺼풀은 점점 더 무거워집니다. 눈꺼풀이 완전히 이완되면 마치 위 눈꺼풀과 아래 눈꺼풀을 본드로 붙인 것처럼 되어 눈을 뜰 수 없게 됩니다. 그런 상태가 되도록 스스로 만들어 버리는 것입니다.

눈을 감고 있는 이 편안한 느낌을 온몸으로 퍼트려 봅니다. 눈꺼풀과 같이 온몸의 힘도 완전히 풀려 아주 편안해집니다. 누워 있는 시트 깊숙이 온 몸이 쫙 가라앉는 느낌을 느껴 봅니다.

눈꺼풀의 힘을 완전히 풀어줍니다. 온몸의 힘도 쫙 풀어 줍니다.

자, 이제 눈을 떴다가 감기를 몇 차례 해봅니다. 눈을 떴다가 감기를 반복할수록 몸은 더욱 더 편안해집니다.

(눈을 뜨고 감기를 5회까지 반복한다.)

1. 자 이제 약간의 힘을 주어 눈을 뜹니다.(실제 눈을 뜨게 함)

다시 눈을 감습니다. 눈꺼풀이 이전보다 더 무거워집니다. 몸은 2배 더 편안해집니다.

2. 이제 다시 눈을 떠 봅니다. 눈꺼풀이 무거워져서 저절로 눈을 감고 싶어집니다. 그럴수록 몸도 더욱 편안해집니다.

다시 눈을 감습니다. 점점 더 무거워집니다. 점점 더 편안해집니다.

3. 다시 눈을 떠 봅니다. 눈을 뜨는 것이 점점 힘들어집니다.

눈을 감으세요. 눈을 감고 있는 것이 아주 편안합니다. 몸도 2배 더 편안해집니다.

4. 눈을 떠 보세요. 눈꺼풀에 힘을 주기가 힘들고 눈을 뜨는 것이 아주 힘들어집니다. 몸은 완전히 편안해집니다.

다시 눈을 감습니다. 아주 편안합니다. 눈꺼풀의 힘은 완전히 풀려 다시 눈을 뜨는 것이 아주 힘들 것 같습니다.

5. 자, 이제 마지막으로 눈을 떠 봅니다. 눈꺼풀이 아주 무겁습니다. 눈을 감고 싶습니다. 이제 다시 눈을 감으면 눈꺼풀의 힘은 완전히 소진되어 눈을 뜨고 싶어도 본드가 붙은 것처럼 되어 눈을 뜰 수 없습니다. 몸도 완전히 힘이 풀리고 더욱 편안해집니다. 눈을 감으세요.

이번에는 팔을 들었다 떨어뜨리기를 세 번 합니다. 제가 당신의 팔을 들었다가 놓겠습니다. (주 : 자기 암시를 할 때는 팔을 들었다 놓으면 집중이 풀릴 수 있다. 이때는 검지만 들었다 떨어뜨리는 것으로 한다.)

  팔에는 이미 힘이 전혀 없습니다. 팔이 들렸다 툭 하고 떨어지면 몸과 마음은 더욱더 깊은 편안함 속으로 빠져듭니다.

  (들었다 떨어뜨립니다.) 더 깊이 편안해집니다.
  (들었다 떨어뜨립니다.) 2배 더 깊이 편안해집니다.
  (들었다 떨어뜨립니다.) 3배 더 깊이 편안해집니다.

  이제 몸은 완전히 편안해졌고 마음도 편안함으로 가득 찹니다. 이어서 몸이 편안해진 것처럼 마음도 완전히 편안해지도록 해보겠습니다. 마음 속에 커다랗고 까만 칠판을 만들고 거기에 하얀색으로 10부터 1까지 숫자를 썼다가 사라지게 합니다. 불러 주는 숫자를 썼다가 먼지가 날리듯 사라지게 하는데 한 번 사라지게 할 때마다 마음은 2배씩 더 편안해집니다. 스스로 마음이 아주 편안해졌다고 느껴지면 1까지 다 갈 필요 없이 중간에 멈추어 까맣고 텅 빈 상태 그대로 머물러 있으면 됩니다.

  해보겠습니다.

  숫자 10을 씁니다. 먼지가 날리듯 숫자가 사라집니다. 2배 더 편안해짐을 느낍니다.
  9를 씁니다. 사라집니다. 이전보다 2배 더 편안해집니다.
  8을 씁니다. 사라집니다. 더 깊이 편안해집니다.

7을 씁니다. 사라집니다. 더 깊이 편안해집니다.

6을 씁니다. 사라집니다. 더 숫자를 떠올릴 필요가 없을 만큼 편안해집니다. 까맣고 텅 빈 편안함이 느껴집니다.

마지막으로 숫자 5를 희미하게 써 봅니다. 숫자 5가 사라집니다.

까맣고 텅 비고 고요한 마음 그 상태를 느껴 봅니다.

이제 당신의 몸과 마음은 완전히 이완되고 편안해졌습니다.

이 상태에서 당신이 바라는 것을 진심으로 상상하고 느끼게 되면 그 바람은 당신의 의식과 무의식에 강하고도 직접적으로 작용하게 되며, 당신의 몸과 행동에도 저절로 영향을 미치게 되어 당신이 바라는 것을 얻을 수 있게 해 줍니다.

이제 이 편안함 속에서 당신의 집중력과 학습 능력을 훌쩍 향상시키도록 의식과 무의식에 암시를 걸어 봅니다.

눈앞에 문을 하나 떠올립니다. 문의 생김새를 잘 보아 둡니다. 이 문을 열고 들어가면 당신은 그 어떤 때보다도 완벽하게 집중하고 의식은 명료하며 암기력은 더욱 향상됩니다.

셋을 세면 문을 열고 들어갑니다. 하나…둘…셋… 들어갑니다.

이 방은 당신이 공부한 모든 것을 의식과 무의식 모두에 완벽하게 저장할 수 있게 만듭니다. 감정적으로 그리고 육체적으로도 의식적인 노력 없이 저절로 그렇게 됩니다. 당신에게 그런 일이 아주 쉽게 일어납니다.

　호흡을 하면 할수록 이런 상태는 더욱 강화됩니다. 호흡을 하면 할수록 의식은 명료해지고 집중은 강화됩니다. 기억과 학습에 관련된 당신의 모든 능력은 더욱 더 강력해지고 명확해집니다. 그런 자신의 모습을 상상합니다.
　어디서 언제 어떤 공부를 하든지 당신의 의식은 최고의 상태이고 모든 정보가 당신의 뇌에 그대로 각인되고 담기는 것을 느끼게 됩니다. 모든 정보를 흡수하고 종합적으로 처리해서 저장합니다. 이렇게 저장된 정보는 원할 때 언제든 다시 꺼낼 수 있습니다.

　이제 그 힘을 느껴 보십시오. 향상된 자신의 능력에 대한 모든 것을 느끼고 상상해 보십시오. 그 힘을 완전히 자신의 것으로 잘 갈무리해서 흡수합니다. 그 힘을 잘 간직한 채 이제 셋을 세면 문을 열고 밖으로 나옵니다. 하나…둘…셋….

　나왔으면 문 앞에 서서 문을 바라봅니다. 이 문은 당신의 의식과 무의식에 작용하는 향상된 학습 능력을 나타냅니다. 문의 모양을 자세하게 보아 두십시오.
　이제 당신은 깊은 집중력과 뛰어난 학습 능력이 필요할 때면 눈을 감고 이 문을 떠올립니다. 그리고 깊게 세 번 숨을 쉰 후 '집중, 집중, 집중' 세 번 이야기한 다음 편안한 마음으로 문을 열고 들어가서 그 힘을 흡수하면 됩니다.

그러면 앞서 경험한 최고의 상태를 가질 수 있습니다. 반복해서 이 문으로 들어갈 때마다 매번 더 깊고 더 명료하고 더 뛰어난 집중 상태를 경험하게 됩니다. 이 상태에서 공부하고 시험을 치면 공부한 내용은 저절로 저장되고 알고자 하는 답은 자연스럽게 떠오르게 됩니다.

그럼 다시 한 번 해보겠습니다. 눈을 감은 상태에서 집중의 문을 떠올립니다. 깊고 천천히 세 번 호흡합니다. '집중, 집중, 집중' 세 번 속삭이듯 이야기합니다. 이제 편안한 마음으로 문을 열고 들어갑니다.

깊고 명료하고 향상된 집중력과 학습 능력을 가진 그 느낌을 느껴 봅니다. 이 상태에서는 공부한 내용은 자연스럽게 저장되고 분석하려는 내용은 명쾌하게 분석됩니다. 당신은 월등히 향상된 학습 능력으로 원하는 모든 공부를 쉽게 할 수 있습니다. 당신이 이 집중의 방에 들어갔다 나오는 것을 반복할 때마다 집중을 유지하는 시간도 점점 길어집니다. 1시간에서 1시간 20분, 1시간 40분, 2시간, 3시간… 원하는 만큼 집중하는 시간을 얼마든지 늘릴 수 있습니다.

자, 이제 셋을 세면 이 느낌을 그대로 간직한 채 문을 열고 나갑니다. 그리고 공부를 시작합니다. 하나, 둘, 셋 눈을 뜹니다.

06

수학에서 재미와 흥미를 일깨워라

덧셈 구구단

학업 성취 3요소의 주의 집중력 편에서 숫자 훈련을 언급하였다. 4칙 연산만을 활용해도 효과는 있으나 여기에 재미와 효과를 더할 수 있는 방법으로 덧셈 구구단, 곱셈 속셈법 2가지를 다루어 본다. 덧셈 구구단은 초등학교 저학년생도 어렵지 않게 익힐 수 있다. 곱셈 속셈법은 구구단만 외우고 있다면 가능하나, 아무래도 암산으로 해 내는 것이므로 학년에 따라 난이도를 조절할 필요가 있다.

덧셈 구구단이란 세 수의 합이 20이 되는 숫자들이다. 첫 수가 2일 때,

첫 수가 3일 때, …… 첫 수가 9일 때의 조합을 만들고 이를 외워 두면 상당히 빠른 암산으로 덧셈을 할 수 있게 된다. 2단부터 9단까지 있는 것이 곱셈 구구단과 비슷하여 '덧셈 구구단'이라 하였다. 우선 다음의 구구단 표를 한글로 적은 발음으로 능숙하게 외우도록 연습한다.

299
이구구

389　　398
삼파구　삼구파

479　　488　　497
사치구　사파파　사구치

569　　578　　587　　596
오유구　오치파　오파치　오구유

659　　668　　677　　686　　695
유오구　유유파　유치치　유파유　유구오

749　　758　　767　　776　　785　　794
치사구　치오파　치유치　치치유　치파오　치구사

839　　848　　857　　866　　875　　884　　893
파삼구　파사파　파오치　파유유　파치오　파파사　파구삼

929　　938　　947　　956　　965　　974　　983　　992
구이구　구삼파　구사치　구오유　구유오　구치사　구파삼　구구이

217

덧셈 구구단을 줄줄 외운다면 주산식 암산을 능가할 만큼 빠른 덧셈 암산이 가능해진다. 몇 번 연습해 보면 알겠지만 덧셈 구구단을 입으로 부르는 속도가 계산의 속도가 된다. 계산 방법은 단순하다. 덧셈 구구단을 한 번 부르면 20이 되니, 예를 들어 덧셈 구구단을 8번 부르고 3이 남았다면 정답은 163이고, 9번 부르고 4가 모자라면 정답은 176이 된다.

초등학교 저학년생에게 덧셈 구구단을 가르친 뒤 학부모 앞에서 실력을 보이면 부모가 놀라서 눈이 동그래지는 모습을 자주 본다. 학부모에게 아이와 같은 문제와 전자계산기를 주고 시작 신호와 동시에 풀게 하는데 아이들이 이기기 때문이다. 아이들은 이를 통해 수에 흥미와 자신감을 가지게 되는데 수에 친근해지면서 저절로 수학이라는 과목도 쉽게 접근할 수 있다.

덧셈 구구단 표

299	389	479	569	659	749	839	929
	398	488	578	668	758	848	938
		497	587	677	767	857	947
			596	686	776	866	956
				695	785	875	965
					794	884	974
						893	983
							992

덧셈 구구단 계산 방법

9
8
9 983을 부르고 60이 남았다. 시작은 6부터
5
8
6 659를 부르고 5가 남았다. 시작은 5부터이나 다음 수 4와 합친다.
4 위에서 남은 수 5와 4를 합쳐 9로 시작한다.
6 (팁! 덧셈 구구단을 부를 때 첫 수를 큰 수로 만들어 부른다.)
5 965를 부른다.
4
8
5
9 488을 부르고 60이 남았다. 다음 수 2와 합친다.
2 위의 남은 수 6과 합쳐 8로 시작한다.
5
5
1
7 857을 부르고 60이 남았다.
8
4
9 686을 부르고 70이 남았다.
3
8
6 785를 부르고 4가 남았다.
 (팁! 749를 부를 수도 있으나 보이는 숫자를 부르는 것이 더 빠른 계산을 가능하게 하기 때문에 785를 부르고 나머지 4를 취했다.)
덧셈 구구단을 7번 불렀으니 1400이고 4가 남았으니 총합은 1444이다.

덧셈 구구단 연습 문제
부르는 속도가 계산의 속도가 되도록 연습한다.

7	8	2	5	9	3	6
7	5	8	6	1	8	9
8	8	7	6	3	1	7
9	3	9	3	2	6	2
8	5	4	3	6	4	9
7	9	9	9	1	7	9
9	7	1	1	9	3	5
4	4	3	3	7	2	5
5	2	5	7	8	8	3
5	6	7	7	8	9	7
7	4	3	9	4	6	2
2	8	8	3	4	1	9
1	5	9	4	5	4	5
8	2	4	2	2	5	7
5	4	6	6	9	3	6
9	9	2	7	1	7	3
5	5	7	4	7	1	1
2	1	7	4	3	9	5
9	6	9	8	9	1	3
6	4	3	6	2	7	8
4	5	5	1	8	2	9
2	8	9	9	8	9	4
<u>7</u>	<u>9</u>	<u>9</u>	<u>4</u>	<u>3</u>	<u>4</u>	<u>6</u>
( )	( )	( )	( )	( )	( )	( )

연습 문제로 일의 자릿수만 설명했는데 십 단위든 백 단위든 계산 방법은 동일하기 때문에 지면을 크게 할애할 필요는 없다. 일 단위의 계산이 끝나면 값에서 일 단위는 남기고 십 단위를 넘겨주면 되고, 십 단위의 계산이 끝나면 값에서 십 단위를 남기고 나머지를 백 단위로 넘겨주어 계산해 가면 된다.

덧셈 구구단은 부르는 속도가 계산의 속도임을 경험해 보자.

곱셈 속셈법

집중력 강화를 위한 트레이닝용으로 덧셈 구구단뿐만 아니라 곱셈 속셈법도 활용하도록 하자. 곱셈 속셈법을 익히기 위해서는 미리 곱셈 구구단을 줄줄 외우고 있어야 한다. 이 책에서 다루는 곱셈 속셈법은 학교 교과 과정에서 배우는 전통적인 곱셈법과는 완전히 다르다. 2자릿수×2자릿수에서 9자릿수×9자릿수까지의 곱셈 속셈법이 있지만 모두 다루기에는 분량이 만만치 않으므로 집중력 강화 훈련용으로 사용하기에 적당한 3자릿수×3자릿수까지만 소개하기로 한다. 처음에는 종이에 연습하고 속셈법을 익히고 나면 암산으로 계산하여 답을 내도록 한다.

2자릿수 곱셈	1. (첫 줄)일의 자리를 곱한 값을 적는다. 4×2=08

```
      7 2
    × 3 4
    2 1 0 8
      2 8
  + 0 6
    2 4 4 8
```

1. (첫 줄)일의 자리를 곱한 값을 적는다. 4×2=08
2. (첫 줄)십의 자리를 곱한 값을 적는다. 7×3=21
3. 아래 일의 자리와 위의 십의 자리를 곱한 값을 적는다. 4×7(0)=28
4. 아래 십의 자리와 위 일의 자리를 곱한 값을 적는다. 3(0)×2=06
5. 모두를 더한다.

(주의)
1. 자리 수를 잘 맞추어 적는다.
2. 일의 자리로 나오는 값이라도 앞에 0을 붙여 주어야 자릿수를 틀리지 않는다.

계산 순서를 (가), (나), (다), (라)로 나타내 보자.

```
       8 7
     × 9 4
     7 2 2 8
     (나) (가)
       3 2
       (다)
       6 3
       (라)
     8 1 7 8
```

순서를 익히고 계산이 익숙해지면 (다), (라)를 묶어 한 번에 암산한다.

```
   8 9
 × 7 6
 ─────
 5 6 5 4
 1 1 1    --- ㈐㈑를 묶어 한 번에 암산으로 계산한 값
 ─────
 6 7 6 4
```

3자릿수 곱셈

```
      8 7 5
   ×  2 6 4
   ─────────
   1 6 4 2 2 0
   (다)(나)(가)
      6 2 5 8
      (마)(라)
   +    4 2
        (바)
   ─────────
   2 3 1 0 0 0
```

㈎ $4 \times 5 = 20$
㈏ $6(0) \times 7(0) = 42$
㈐ $2(00) \times 8(00) = 16$
㈑ $4 \times 7(0) + 6(0) \times 5 = 58$
㈒ $6(0) \times 8(00) + 2(00) \times 7(0) = 62$
㈓ $4 \times 8(00) + 2(00) \times 5 = 42$

(주의)
1. 괄호 안의 0은 자릿수를 나타낸다.
2. 일 단위로 나올 경우 앞에 0을 붙여 자릿수를 맞춘다.

2자릿수×2자릿수와 3자릿수×3자릿수의 곱셈 속셈법을 소개하였는데 3자릿수×3자릿수의 경우는 3자릿수×3자릿수의 계산 방법을 그대로 사용하면 된다. 이때 2자릿수 앞에 0을 하나 붙인 후 계산하면 수월하

게 답을 낼 수 있다. 주의 사항에서 언급했듯이 이 계산법은 자릿수를 잘 맞추는 게 중요하다. 일 단위로 나올 경우 반드시 앞에 0을 하나 붙여야 계산 실수를 방지할 수 있다. 3자릿수×3자릿수를 머릿속으로 떠올리고 암산으로 답을 찾기는 보통 실력으로는 힘들다. (라), (마), (바)의 과정만이라도 빠르게 암산할 수 있으면 집중력 향상을 위해서는 충분히 효과가 있으므로 3자릿수 계산을 전체 다 암산하기 위해 억지로 노력하거나 강요할 필요는 없다.

07
통합 사고력과 고도 발상력을 키워라

멘사 퀴즈 풀기

멘사는 IQ148 이상의 상위 2%에 드는 뛰어난 두뇌력을 가진 사람들의 집단이다. 다른 여러 자격과 비교해도 희소성으로 인해 충분히 주목받을 만하다. 테스트 지원 자격이 만 14세 이상인데 중학생이나 고등학생 때 멘사 회원이 된다면 어떨까. 자존감·자긍심·성취감 등의 면에서 고무될 것이며, 멘사 회원이라는 일종의 의무감도 작용하여 학습 동기부여에 긍정적인 영향을 받을 것임에 분명하다.

우리나라 인구를 5천만 명이라고 볼 때 상위 2%이라면 100만 명 정도

된다. 적지 않은 수의 천재들이 대한민국에 살고 있다. 당신이나 당신의 자녀가 상위 2%의 자격을 얻는 것은 꿈도 못 꿀 일일까? 나는 그렇지 않다고 생각한다.

멘사 테스트는 '레이븐스 메트릭스(RAPM)'와 '도형 추리 테스트(FRT)'를 혼용하다가 2010년부터는 '도형 추리 테스트'로만 시행하고 있다. 2가지 다 도형을 이용한 추리 테스트인데 FRT 쪽 문제가 단순하고 시간이 짧다. 즉 RAPM 쪽이 난이도가 더 높다.

RAPM과 FRT는 비언어적 테스트이다. 언어 능력과 상관없이 전 세계인 누구라도 문제를 보고 답을 구할 수 있는 도형 추리식, 퍼즐식 문제이다. 그렇기 때문에 테스트는 몇 가지 유형으로 특징 지을 수 있고 그 패턴을 반복해서 풀어 보고 익숙해짐으로써 얼마든지 테스트의 점수를 높일 수 있다. 이것은 수학이나 영어 등의 교과에서 특정 시험의 출제 경향에 익숙해지기 위해 그 기출 문제들을 풀어 보는 것과 같은 개념이다.

꼭 멘사 회원이 되는 것이 목표가 아니라 할지라도 이와 유사한 추리 유형의 문제를 지속적으로 접하고 풀어 보려 노력하는 것은 두뇌력 및 집중력 향상에 분명히 효과가 있다. 테스트는 직관력, 추리력, 분석력, 조합력 등 여러 가지 능력을 판단하기 위한 문제들로 구성된다. IQ가 뛰어난 사람이 좋은 점수를 얻을 수 있는 것이라면, 대뇌 생리학이나 용불용설의 관점에서 볼 때 역으로 그런 문제들을 풀어 봄으로써 해당 두뇌의 능력치를 높인다는 것이 가능하다.

두뇌력 향상용 IQ 테스트 유형

실제 교육 현장에서 IQ 테스트 문제를 적용하여 많은 아이를 지도해 보았다. 일주일에 세 번씩, 한 번에 3가지 유형(숫자 구성 추리, 논리 추리, 도형 추리)의 IQ 테스트 문제를 풀게 하였으며, 답에 접근하고 유추·추리해 가는 과정을 아이들과 함께 분석하였다. 개인적인 편차는 있었지만 횟수를 거듭할수록 실력이 느는 모습이 뚜렷했다. 한 문제도 못 풀던 아이들은 한두 문제씩 풀어내기 시작했고 한 문제를 푸는 데 15분, 20분씩 걸리던 아이들은 점점 푸는 시간이 단축되었다. 반복 연습을 통해 문제를 보는 안목과 해결하는 추리력이 길러진 것이다. 단순히 유형에 익숙해진 결과일 뿐이라고 단정할 수만은 없었다.

최근에는 대기업의 입사 시험, 직무적성 검사(SSAT)에도 지원자의 창의력을 가늠해 보기 위해 난이도가 높은 도형 추리 테스트가 출제되는 추세에 있다고 한다.

내가 교육에 사용했던 IQ 테스트 문제 유형은 다음 3가지이다.

숫자 배열, 숫자 조합 문제

1. 다음 보기 속의 도형에서 동그라미 속에는 1~7 사이의 자연수가 한 번씩만 들어갑니다.

   동그라미 사이의 삼각형에는 주변을 둘러싸고 있는 동그라미 속 숫자를 모두 합한 값이 들어갑니다.

   그렇다면 '?'에는 어떤 숫자가 들어가야 할까요?

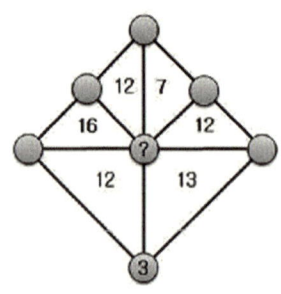

정답 '4' 아래 동그라미 속의 3과 삼각형 속 12, 오른쪽 위 삼각형 속의 7을 두고 추리해 보면 정답이 4라는 것을 알 수 있다.

2. 1부터 4까지의 숫자를 이용해 암호를 입력하면 규칙에 따라 해독하는 해독기가 있습니다. 다음은 각각 왼쪽은 해독기에 입력한 암호이고 오른쪽은 그 결과입니다. 밑줄 친 암호를 해독기에 입력하면 나오는 수는 무엇일까요?

111213 → 123   333231   → 987
11213141 → 147*   43332313 → #963
12213113 → 2473   13312112 → 3742
112233 → 159   문제: 123123 → (?)

정답 276

(아래의 설명보다 더 쉽게 정답을 추리해 낼 수도 있다.)

228

핸드폰 자판의 모양을 떠올리고 이를 행렬로 취급하여 암호 abcd를 해독하면 a행 b열의 숫자와 c행 d열의 숫자 또는 문자로 해독되어 순서대로 나오게 된다. 예를 들어, 4321를 해독하면 4행 3열의 숫자 #와 2행 1열의 문자인 4가 순서대로 나와 #4라는 해독문이 완성된다. 핸드폰 자판을 생각하지 못했더라도 암호 abcd를 해독하면 숫자인 경우 3a+b-3와 3c+d-3이 순서대로 나오며, 해독된 숫자인 123456789가 모두 한 번씩은 사용되었으므로 123123을 해독한 값을 쉽게 구할 수 있다.

3. 보기의 숫자들은 어떤 특별한 규칙을 가지고 있습니다.
그렇다면 (?)에는 어떤 숫자가 들어가야 할까요?
124, 479, 462, 586, 248, 2(?)1, 355

힌트 각 숫자의 배열 사이에는 서로 연관성이 없습니다.

정답 3
위의 각 숫자들은 중간의 숫자에 7을 곱하면 양옆의 숫자가 되는 규칙이 있다. 124에는 중간 숫자 2에 7을 곱하면 14가 되는데 124 양옆의 숫자가 14이다.

논리 추리(추론) 문제

1. 태경이가 쇼핑을 갔습니다. 다음 문장을 참고하여 태경이가 가장 먼저 들른 가게를 맞춰 보세요.

   ① 애견 숍은 횟집에서 세 번째 떨어진 곳에 있다.
   ② 옷가게는 고깃집과 가장 멀리 떨어져 있는 집이다.
   ③ 가장 먼저 방문한 건물은 고깃집이 아니다.
   ④ 화장품점은 옷가게에서 세 번째 건물에 있다.
   ⑤ 횟집은 도로 제일 끝에 있다.
   ⑥ 화장품점은 가장 먼저 방문한 건물과 다른 건물 사이에 있다.
   ⑦ 은행은 횟집에서 네 번째 건물에 있다.

   힌트 가게들은 태경이가 향하는 방향에서 가로로 펼쳐져 있습니다.

   정답 애견 숍

   가게들이 있는 순서는 [옷가게—은행—애견 숍—화장품점—고기집—횟집] 순이다. 보기의 문장 중 ⑥과 ③에 의해서 정답은 애견 숍이 된다.

2. 어느 나라에 막시무스라는 예언자가 있었는데, 그가 예언을 너무 잘해서 사람들의 마음을 황제에게서 떠나게 했다. 그래서 황제는 그를 사형하기로 했다. 황제는 막시무스를 사형하기 직전에 그의 예언을

시험해 보기 위해 다음과 같이 물었다.

"네가 어떻게 죽는지 맞춰 보아라. 만약에 맞으면 교수형, 틀리면 화형에 처해질 것이다."

그 말을 들은 막시무스는 잠시 고민을 하다가 뭐라고 답했고, 황제는 이러지도 저러지도 못하는 상황이 되었다. 막시무스는 뭐라고 답했을까?

정답 "나는 화형에 처해질 것이다."

이 말이 틀리면 화형인데, 그렇게 되면 맞는 말이 된다. 그럼 교수형에 처해져야 하는데, 교수형을 처하면 틀리는 게 되니 왕은 이러지도 저러지도 못하게 되었다.

도형 추리 문제 (레이븐스 매트릭스)

1. 빈 칸에 들어갈 도형은?

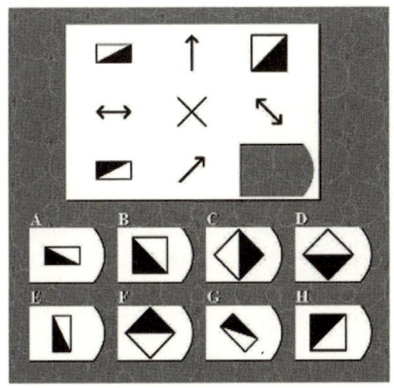

정답 F

① 한 방향 화살표는 해당 방향으로 크기를 키운다.
② 양 방향 화살표는 음양을 반전시킨다.
③ 화살표의 방향은 면의 방향이다.

멘사 퀴즈 유형 문제 제공 사이트

IQ 테스트의 유형을 크게 3가지로 나누어 보았다. 자녀에게 이 3가지 유형의 문제를 꾸준하게 풀게 한다면 통합 사고력과 고도 발상력 및 집중력의 배양까지 일석 삼조의 효과를 기대할 수 있다. 또한 도형 추리 문제에 대한 경험이 충분히 쌓인다면 어렵지 않게 멘사 회원에 합격하여 자긍심 충만한 학창 시절을 보내게 될 것이다.

다음은 멘사 퀴즈 유형 문제를 제공하는 사이트들이다.

레이븐스 매트릭스
http://www.iqtest.dk
(레이븐스 메트릭스 IQ 테스트 무료 제공)

숫자 추리, 논리 추리
http://www.seri.org/cz/czMensaL.html
(삼성 경제 연구소 '멘사 브레인 샤워' 일주일에 두 문제씩 업데이트된다.)

08
순간 집중력을 향상시켜라

문장 거꾸로 외우기

문장 거꾸로 외우기를 처음부터 집중력 훈련으로 도입하였던 것은 아니다. 어떤 훈련을 학생들에게 지도하기 위해서는 내가 먼저 해보고 주관적이나마 그 효과를 검증한 후에 교육 프로그램화한다. 그런데 문장 거꾸로 하기 훈련은 처음부터 그것을 목표로 하였던 것이 아니라 우뇌 능력 향상을 위해 문자, 숫자, 부호의 이미지화 훈련을 하던 중에 아이디어를 얻어 발전시킨 경우에 속한다.

처음 시작은 자동차로 이동하는 중에 스쳐 지나가는 차량 번호판을 순간적으로 보고 그 번호를 숫자 변화하는 훈련(기억법 기술 중 숫자 기억법 편에 속하는 것으로 숫자를 기호로 변환하는 훈련)을 한 것이 시작이었다. 번호판의 4자리 숫자 변환이 익숙해지자 다음으로는 지나가다 보이는 간판의 7자리 전화번호를 보고 변환하는 훈련을 하게 되었는데 숫자를 변환하기 위해서는 순간 인지한 간판을 그대로 떠올릴 필요가 있었고 간판을 떠올리다 보니 숫자뿐만 아니라 간판의 글씨까지 자연스레 함께 떠올랐다.

그러던 중 호기심에 떠올린 숫자와 글씨를 거꾸로 읊조려 보았는데 보통 네다섯 글자의 간판 내용과 7자리의 전화번호가 어렵지 않게 거꾸로 읽혔다. 그래서 좀 더 자극을 강하게 하기 위해서 글자의 수를 늘려 가다 보니 어느새 60글자 정도(약 두 줄)의 문장은 한 번 듣고 기억하고 머릿속에 떠올린 다음 거꾸로 읽어 내는 것이 가능해지는 순간이 왔다. 이것은 그만큼 순간적으로 집중할 수 있는 능력(순간 집중력)이 강해졌다는 것의 반증이기도 했기에 학생들의 집중력 향상을 위한 프로그램으로 넣게 되었다.

이 훈련은 나의 실력을 기준으로 하여 60자 정도의 문장을 단 한 번만 듣고 기억하여 거꾸로 외울 수 있는 능력이 될 때까지를 목표로 훈련시켰다. 훈련의 과정은 앞서 이야기한 내 경우를 그대로 준용하였다.

4자리 숫자 – 7자리 숫자 – 7자리 숫자+5자리 글자 – 25자 이하(글줄 한 줄 정도)의 문장 – 40자 이하(글줄 한 줄 반 정도) – 60자 정도(글줄 두 줄 정도)의 문장으로 단계적으로 글의 양을 늘려 갔다.

일정 수준 이상의 집중력과 유연한 두뇌를 가진 초등 고학년생이나 중학생들은 빠른 성취를 보였다. 내 실력을 쉽게 뛰어 넘는 학생들은 대부분 그 나이 또래였다. 두뇌가 굳어 가는 30세 이상의 성인들은 이 훈련을 잘 소화해 내지 못하는 경향이 뚜렷했다. 가정에서 부모가 아이에게 쉽게 트레이닝시킬 수 있으면서도 이미지화하는 우뇌의 능력과 순간 집중력 향상에 큰 효과가 있는 훈련이므로 잊지 말고 꼭 한 번 지도해 보기 바란다.

09
좌우뇌 통합사고력, 논리적 추론 능력을 키워라

눈 감고 양손으로 하노이 탑 옮기기

　3개의 기둥이 있다. 왼쪽 기둥에는 큰 원판이 아래에 놓이고 작은 원판이 위로 가도록 하여 몇 개를 쌓은 탑 퍼즐이다. 하노이 탑 퍼즐은 큰 원판이 작은 원판 위에 올라가지 않도록 움직이면서, 기둥에 꽂힌 원판을 다른 기둥으로 옮겨야 한다. 이 퍼즐은 1883년에 프랑스의 수학자 에두아르 루카스(Edouard Lucas)가 『수학놀이』라는 책에서 '클로스(Clows)'라는 이름으로 처음 소개한 이후 널리 퍼지게 되었다.

　하노이 탑에는 재미있는 이야기가 담겨 있다.

하노이탑

"인도 베나레스의 거대한 브라만교 대사원에 세상의 중심을 표시하는 돔이 있는데, 그 안에는 세상이 창조될 때 신이 쌓아놓은 브라마의 탑이 있다. 이 탑은 커다란 구리판 위에 3개의 다이아몬드 막대가 서 있고, 그 중 한 막대에 순금으로 된 64개의 원판이 크기 순으로 제일 큰 것이 바닥에 오도록 쌓여 있는데, 승려들이 한 번에 원판을 한 개씩만 다른 막대로 옮기되, 절대로 큰 원판이 작은 원판 위에 와서는 안 된다. 이렇게 하여 원판들이 다 옮겨지면, 탑도 사원도 세상도 모두 먼지가 되어 소멸하고 새로운 세계가 우리를 맞이하는 시기가 도래한다."

위 전설대로 64개의 원판을 다 옮기는 데 얼마의 시간이 걸릴까? 하노이 탑의 왼쪽 기둥에서 중간 기둥을 이용해 오른쪽 기둥으로 원판을 다 옮기는 데 걸리는 횟수는 $2^n - 1$의 공식으로 구해진다. 먹지도 자지도 않고 1초에 1개의 원판을 옮긴다고 할 경우를 계산해 보면 다음과 같다.

$2^{64}-1=18,446,744,073,709,551,615$이고, 1초에 1개를 옮기므로 1년에는 $60 \times 60 \times 24 \times 365 = 31,536,000$개의 원판을 옮길 수 있다. $2^{64}-1$을 31,536,000으로 나누면 약 6×10^{11}이 되는데 이 수는 약 6,000억 년에 해당한다.

하노이 탑은 귀납적 사고를 필요로 하는 문제이다. 즉 특별한 몇 가지의 경우를 관찰하여 일반적으로 적용할 수 있는 규칙을 추론하고 이를 엄밀하게 수학적으로 증명하는 과정을 거쳐 문제를 해결하는 것이다. 초등학생의 수학 영재 교육 프로그램으로 활용하기도 하는데, 원판 이동의 최소 횟수와 이동 규칙 등을 탐구하고 수학 공식을 세워 보는 것이 과제로 주어진다. 일선 교육 과정에서 하노이 탑은 등비수열과 계차수열을 학습하는 대표적인 활동 자료로 고등학교 수학2에서 다루는 소재이다. 하지만 수열을 적용하지 않고도 다양한 학습 활동을 통해서 하노이 탑의 이동 규칙을 찾고 이동 횟수를 구할 수 있다.

하노이 탑 퍼즐을 가능한 한 빠른 시간에 최소의 이동으로 옮기는 트레이닝이 TV 프로그램인 「스펀지」의 '머리가 좋아지는 법' 코너에서 집중력, 문제 해결력, 논리력, 수학적 사고력을 향상시키는 방법으로 소개되어 세간의 이목을 집중시킨 바 있다. 고등학생의 경우에도 이 훈련을 통해서 문제 해결 능력과 논리적 추론 능력이 향상되었다. 또한 한 연구에서는 하노이 탑 퍼즐을 풀어 갈 때의 뇌파 상태를 측정한 실험을 하였는데, 전두엽과 후두부에서 알파파가 활성화되는 것을 확인하였다.

나도 하노이 탑을 학생들의 집중력 교육에 활용하였는데 두뇌 자극을 보다 강화시키기 위해 두 가지 요소를 첨가하였다.

1. 양손으로 원판을 옮길 것
2. 익숙해지면 눈을 감고 할 것

눈을 감고 원판을 옮기는 것이 상당히 어려울 듯하지만 촉각으로 각 기둥의 원판의 수와 크기를 감지할 수 있기 때문에 초집중 상태만 유지한다면 생각보다는 수월하게 과제를 수행할 수 있다. 물론 이동 규칙에 익숙해질 수 있도록 사전 연습을 충분히 하는 것이 필요하다. 저렴한 가격으로 쉽게 구입할 수 있는 교구인 데다 집중력 향상, 문제 해결 능력의 향상 등 효과도 탁월하기에 자녀와 함께 연습해 본다면 좋은 교육이 될 것이다.

하노이 탑의 원판 이동 규칙

원판의 최소 이동 횟수는 다음 3가지 공식으로 나타낼 수 있다.

1. 이전 원판들의 총 이동 횟수 + 가장 작은 원판의 이동 횟수
2. 이전 원판들의 총 이동 횟수 × 2 + 1
3. $2^n - 1$ (n = 원판의 수)

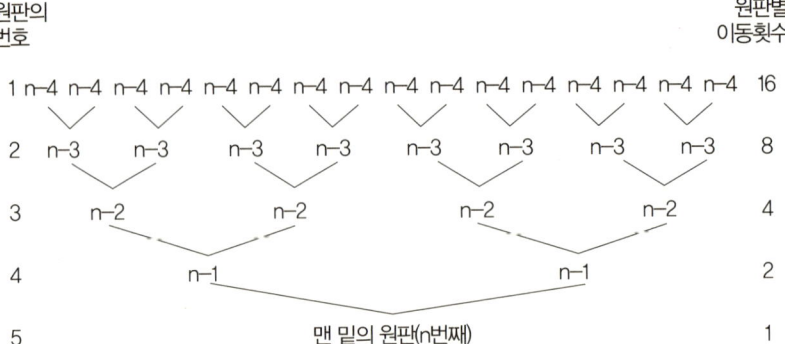

각 원판의 이동 횟수와 전체 이동 횟수의 관계도

원판의 총 수와 최소 이동 횟수, 가장 작은 원판의 이동 횟수 관계

원판의 개수	최소 이동 횟수	가장 작은 원판의 이동 횟수
1	1	1
2	3	2
3	7	4
4	15	8
5	31	16
6	63	32
7	127	64
8	255	128

하노이 탑의 이동 규칙을 익히기 위해서는 가장 작은 원판이 이동하는 규칙을 알아 두어야 한다. 다음 표를 보고 숙지하도록 한다.

A 기둥(왼쪽) 원판 수	1	2	3	4	5	6	7	8
가장 작은 원판이 이동하는 기둥	C	B	C	B	C	B	C	B

* A 기둥의 원판이 홀수일 때 가장 작은 원판은 C로 이동, 짝수일 때는 B로 이동한다. 가장 작은 원판이 속한 기둥을 기준한다.

B 기둥(중간) 원판 수	1	2	3	4	5	6	7	
가장 작은 원판이 이동하는 기둥	C	A	C	A	C	A	C	

* B 기둥의 원판이 홀수일 때 가장 작은 원판은 C로 이동, 짝수일 때는 A로 이동한다. 가장 작은 원판이 속한 기둥을 기준한다.

C 기둥(중간) 원판 수	1	2	3	4	5	6		
가장 작은 원판이 이동하는 기둥	B	A	B	A	B	A		

* C 기둥의 원판이 홀수일 때 가장 작은 원판은 B로 이동, 짝수일 때는 A로 이동한다. 가장 작은 원판이 속한 기둥을 기준한다.

부록

뇌과학 기초, 재미있는 뇌 이야기

재미있는 뇌 이야기 1
뇌의 특정감각이 예민해지면 투시 현상 발생 가능

1998년에 국내에서 투시 시연회가 열린 적이 있다. 뇌호흡 훈련을 통해 투시능력을 가지게 된 초등학생 3명과 검증을 위해 기자, 교수 등 각계 인사들이 자리를 함께했다. 그들 중에는 국내 뇌 연구 분야의 최고봉이라 할 수 있는 서울대 교수이자 한국 뇌연구원 원장인 서유헌 교수도 있었다.

아이들이 멀리 떨어진 곳에 있는 카드 맞추기와, 안대를 하고 잡지 기사를 투시하는 시연을 하였다. 카드 맞추기는 틀리는 경우가 많아서 신통치 않았으나 투시하여 기사 읽기는 모인 사람들을 놀래기에 충분했다.

다음은 참관자의 인터뷰 내용이다.

"근육처럼 뇌도 성장해서 자꾸 쓰는 뇌신경 세포 가지는 두터워지고 새로 돋아납니다. 그런데 쓰지 않는 뇌 부위의 신경가지는 자꾸 잘리고 죽어 갑니다. 우리가 근육과 관절을 쓰지 않으면 뻣뻣하게 굳어 탄력성을 잃고 오그라들듯이 뇌도 쓰지 않는 부분은 굳어 버립니다. 또 스트레스가 반복되어 지나치게 긴장하면 뇌를 경직시키고 모양도 바꾸어 버립니다. 좌우 눈의 크기가 다르고 귀의 모양이 다른 것처럼 뇌도 형성 과정에서 잘못되고 비뚤어지는 부분이 있을 수 있습니다. 이런 이유 때문에라도 뇌는 운동을 필요로 합니다.

뇌에 대해 많은 연구를 했지만 이 분야는 처음이라서 신비함에 앞서 당혹감마저 듭니다. 뇌의 특정 감각이 예민해져 투시를 비롯한 다양한 현상이 발생할 수 있습니다. 이 현상을 미신으로 아예 무시해도 안 되지만 신비주의에 머물러 과학적으로 연구하지 않는 자세도 문제입니다. 뇌호흡이 신비주의에서 벗어나 전 세계적인 관심과 연구 대상이 되기 위해서는 과감하게 과학적인 방법을 동원해 그 이론과 원리의 실체를 밝혀야 합니다. 뇌호흡 수련이 일반적인 명상이나 선(禪)과 어떤 차이가 있는지 밝히기 위해서는 보다 광범위한 통계 자료를 축적할 필요가 있습니다."

-서유헌 교수(서울대 교수, 한국 뇌연구원 원장)

"최근에 와서 인간의 잠재의식에 대한 관심이 그 어느 때보다도 커져가고 있는 것 같다. 그 잠재의식이 작용하여 이루어지는 대표적인 것 중의 하나가 바로 상상력이다. 명상이나 단전호흡 등의 세계에서는 상상의 힘을 크게 경험할 수 있다. 그것은 최면의 세계에서도 마찬가지이다. 그러나 눈으로 볼 수 있고 객관적으로 측정할 수 있는 것만 믿는 과학적인 사고와 생활방식을 중시하는 현대 세계에서는 잠재의식이나 상상의 힘을 잘 받아들이기 어려운 것도 사실이다. 그럼에도 불구하고 우리는 의식하지 못하는 가운데 상상력을 발휘하면서 살아가고 있다.

이런 예는 얼마든지 찾아볼 수 있다. 뱀이나 귀신을 생각하면 몸이 오싹해지지만 사랑하는 사람을 생각하면 가슴이 두근거리거나 행복해지는 것도 같은 원리로 설명할 수 있다. 또 사탕을 먹는다고 생각하면 입에

침이 도는 것도 마찬가지이다. 그렇기에 우리는 그러한 상상의 힘을 제대로 이해하고 활용할 수만 있다면 현실적으로 불가능하다고 생각하는 많은 일을 해낼 수 있지 않을까? 오늘날 큰 관심을 받고 있는 뇌호흡의 신비도 결코 신비로만 끝나지 않을 것이라고 여겨진다."

-설기문(동아대학교 교수, 교육학 박사, 최면 전문가)

인터뷰 내용을 보면 당장이라도 뇌호흡을 시작하거나 자녀에게 시키고 싶을 것이다. 하지만 조심해야 한다. 나는 과거에 뇌호흡이라는 것이 등장하기 이전부터 단전호흡에 심취하여 몇 년간 수련을 해보았기 때문에 이 분야에 대해서 어느 정도는 알고 있다.

사실 단전호흡계에서 투시는 대단한 초능력이 아니다. 오히려 수련 중 투시능력을 비롯한 초능력 현상을 경험하는 것을 위험 신호로 여기고 경계하는 실정이다. 동안거와 하안거 등 참선 시간을 많이 가지는 스님들의 경우에도 참선이 깊어지면 막힌 벽이 뚫리고 밖이 훤히 보이는 수준 높은 투시 현상을 경험한다고 한다. 그러나 초능력이 생긴 것에 마음이 흔들리면 번뇌마가 찾아들 수 있다 하여 경계한다.

정통 단학의 가르침에서는 머리에 있는 상단전을 먼저 여는 것을 금기시한다. 먼저 배꼽 아래에 있는 하단전에 정기를 채우고 명치에 있는 중단전에 정기를 채운 후에라야 눈썹 사이의 상단전을 열 것을 가르치는데 이는 상단전이 신력(神力)과 관계있기 때문이다.

하단전과 중단전에 기가 충만하여야만 상단전을 열었을 때 외부로부터 흡수되는 부정적 에너지의 영향력에서 자유로울 수 있다. 잘못된 단전호흡 수련에 의해 마음과 몸의 건강에 손상을 입는 사람이 많다. 이들이 주로 하는 실수가 상단전에 집중하여 수련하다가 나타나는 초능력에 혹하는 것이다. 욕심·공명심·명예심에 사로잡혀 수련 본연의 뜻을 망각하고, 결국 외부에서 흡수되는 부정적 에너지를 조절하지 못하여 마음과 몸을 상하게 되는 것이다. 이를 단학계에서는 '주화입마(走火入魔)'라고 한다.

수련 중에 스승이 계속 주의를 하는데도 불구하고 주화입마를 경험하는 단학도는 생기게 마련인데, 하단전·중단전에 비해 상단전이 기에 민감하게 반응하기 때문이다. 단 5분이라도 상단전에 정신을 집중하면 금방 기감을 느끼게 되는데 쉽게 기를 느낄 수 있다는 것에 자꾸 마음이 이끌리고 유혹되어 잘못된 수련에 빠지게 된다.

정통 단학의 관점에서 뇌호흡은 권장할 만한 수련이 아니다. 단전호흡, 뇌호흡 등에 연연하지 말고 편하게 앉아 복식호흡을 하면서 20분 정도 명상을 하는 쪽이 여러모로 이롭다.

재미있는 뇌 이야기 2
"I am the brain." ― 두뇌를 바라보는 법

두뇌 및 집중력, 학습법, 기억법, 속독법과 관련한 많은 강의와 도서, 논문들을 보았다. 그 중 가장 기억에 남는 것을 꼽는다면, 서유헌 교수의 강연회에서 들었던 "I am the brain.(나는 뇌이다.)"이라는 말이다. "나는 누구인가?"라는 질문에 철학적인 대답 말고 과학적인 답변을 한다면 "나는 뇌이다."가 된다는 것이다. 70억 인구가 각기 다른 개성과 창의성을 가지며 남과 구별되는 이유는 각기 두뇌가 다르기 때문이라는 것이다.

보통 우리는 배가 아프면 '위가 안 좋은가?', 피곤하면 '간이 안 좋은가?' 기침이 나면 '폐가 안 좋은가?' 배탈이 나면 '장이 안 좋은가?' 등등으로 해당 장기를 직접 거론하며 상태를 걱정한다. 그렇다면 기분이 가라앉고 슬퍼지며 심리 상태가 극도로 불안해질 때는 한 번 '나의 뇌가 안 좋은가?' 라고 생각해 보아야 하지 않을까? 그런데 누구라도 이런 표현은 들어 본 적도 없고 써 본 적도 없을 것이다. 스트레스를 받아 기분이 나쁘다는 것은 뇌가 아픈 것이다. 너무 화가 나는 것도, 너무 슬픈 것도, 우울한 것도 다 뇌가 아프기 때문이다.

'I am the brain.'이라는 생각을 가지면 자신의 뇌를 보다 친숙하게 바라볼 수 있게 된다. 친숙해지는 만큼 소중히 하게 된다.

불과 몇 년 전까지만 하더라도 손상된 뇌세포는 재생이 안 된다는 것이 과학계의 정설이었다. 그러나 줄기세포 연구가 활발해지면서 두뇌에도 줄기세포가 있음을 알게 되었고 손상된 뇌세포를 재생하는 것을 확인하였다. 이는 시들지 않는 건강한 뇌를 오래도록 유지할 수 있다는 말이다.

 뇌가 건강하게 젊은 상태를 유지하면 내 몸도 건강하고 젊다. 담배, 술, 발암물질을 제치고 암 발생 원인 1위로 스트레스가 거론되는 것은 그만큼 뇌의 건상이 중요하기 때문이다.

 우리 몸의 근육은 웨이트 트레이닝을 하면 근세포가 증가되어 근력이 강해지지만 힘쓰는 일을 하지 않으면 근세포가 감소되어 버리듯이 두뇌도 사용을 줄이면 두뇌회로의 연결로인 시냅스의 수를 줄여 버린다. 근력이 약화되는 것처럼 두뇌력도 약화되는 것이다. 그렇기에 두뇌 건강을 위해서는 나이에 상관없이 줄곧 새롭고 흥미 있는 것을 찾아 무엇이든 배우는 생활을 해야 한다. 그렇게 함으로써 뇌의 노화를 막을 수 있다.

 여담이지만 뇌를 소중히 여기는 사람들은 나이보다 한참 동안이라는 공통점이 있다. 일본과 한국에서 베스트셀러가 된 『뇌내혁명』이라는 책을 쓴 하루야마 시게오의 경우 과거 저자 초청 강연회에서 50대임에도 30대로 보이는 자신의 동안을 언급하며 "스트레스 케어를 통해 뇌의 젊음을 유지하는 것이 얼마나 중요한지 알고, 그것을 실천해 왔더니 얼굴도 30대 그대로 유지되더라."라고 했다. 이제 40대 중반을 향하는 나의 경우도 처음 보는 사람들은 20대 후반이나 30대 초반으로밖에 보지 않으니 하루야마 시게오의 주장에 동조할 수밖에 없다.

재미있는 뇌 이야기 3
뇌 신경망 구조의 역할

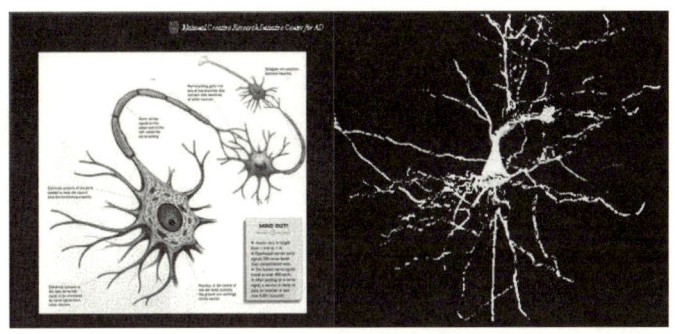

위 도판에서 왼쪽은 두뇌 신경세포인 뉴런에서 긴 축삭 돌기가 뻗어 나와 다른 뉴런의 짧은 수상돌기와 시냅스를 형성하며 연결되는 것을 개념화한 것이고, 오른쪽은 전자 현미경으로 촬영한 실제 뉴런의 모습이다. 이를 '뇌 신경망(brain network)'이라고 한다.

아인슈타인 사후 그의 유언 덕분에 의학자들은 아인슈타인의 뇌를 직접 연구할 수 있었다. 아인슈타인은 양자역학과 더불어 20세기 최고의 과학 이론이라는 평가를 받는 특수상대성이론과 일반상대성이론을 발표했다. 그가 '$E=mc^2$'의 공식으로 인류가 원자력을 이용할 수 있게 한 공로는 참으로 위대하다. 더구나 여럿이서 공동 연구한 것도 아니고 혼자서 가설을 세우고 이론으로 정리해 냈으니 그의 두뇌는 과연 얼마나 대단한가?

의학자들은 아인슈타인의 뇌를 연구할 초기에는 일반인의 두뇌와 크게 다른 점을 발견하지 못하다가 분석 기술이 진보한 이후에 몇 가지 특징을 찾아내게 되었다.

첫째, 일반인에 비해 뇌 신경망의 밀도가 상당히 높았다. 뇌세포(뉴런)와 뇌세포 사이를 연결해 주는 시냅스의 개수가 현저히 많았던 것이다. 뇌 신경망은 도로의 차선에 비유하면 이해가 쉽다. 일반인이 왕복 2차선 신경망이라면 아인슈타인은 왕복 8차선의 신경망을 가졌고 그만큼 단위 시간당 많은 정보를 분석하고 처리해 낼 수 있었던 것이다.

둘째, 아인슈타인의 뇌는 두정엽 부위가 일반인보다 15% 정도 더 컸다. 1980년에 로저스 페리 박사가 두뇌에는 부위별로 담당하는 기능이 다르다는 것을 밝힌 '두뇌 분담 이론'에 의해 노벨 생리의학상을 받은 이후 보다 세부적인 사항들이 연구되었다. 그 결과 두정엽은 '수학, 물리학, 공간적 사고, 계산, 연상' 등의 기능에 특화되어 있음이 밝혀졌다.

셋째, 두정엽과 측두엽 사이의 골인 '실버안고랑'이 더 많은 뉴런으로 채워져 있었다. 이 부위는 천재성과 밀접한 관련이 있다고 한다.

이처럼 아인슈타인의 뇌는 뇌 신경망 구조에서 일반인의 뇌와 다른 점을 보였는데 유년기의 아인슈타인은 학습 무진아였기 때문에 뛰어난 두뇌력을 이미 갖추고 있었다고 보기는 어려우며 학자로서의 삶을 사는 동안 깊은 사고를 하는 과정에서 이같은 두뇌로 회로가 구조화되고 조직화되었다고 보는 것이 타당하다.

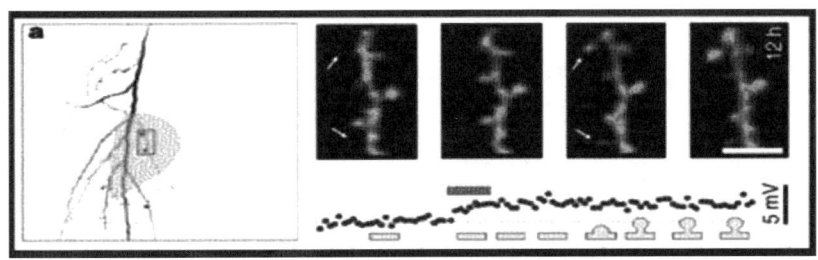

　　위 도판은 뉴런에서 축삭 돌기가 뻗어 나오는 것을 전자 현미경으로 촬영한 것이다. 화살표가 가리키는 곳을 보면 없었던 돌기가 뻗어 나오는 모습을 관찰할 수 있다. 우리 두뇌는 적절한 자극에 의해 신경망을 늘려 가면서 자가 업그레이드를 한다. 그런데 이렇게 생성된 신경망이 영구적인 것이 아니라는 것에 주목해야 한다. 만들어진 신경망이 사용되지 않거나 반대로 감당할 수 없는 강한 부하에 노출되면 전자는 용불용설에 의해 사라지게 되고 후자는 고사해 버린다.

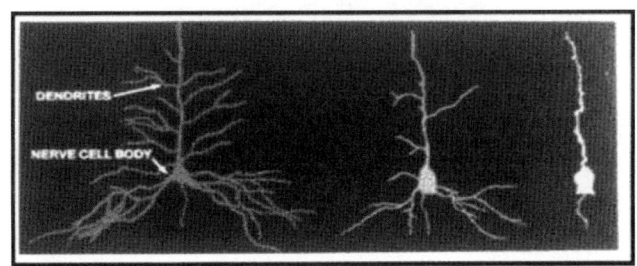

　　위 도판은 신경망을 전자 현미경으로 촬영한 것인데 건강한 상태인 신경

망(왼쪽)이 강한 부하에 지속적으로 노출되어 야위어 가다가 결국 고사해 버렸다(오른쪽).

이것은 조기교육의 피해를 뇌과학을 통해 설명할 때 자주 사용된다. 유년기 때 아직은 미성숙한 회로가 과부하에 노출되어 견디지 못하고 사멸하는 것을 적나라하게 보여 준다. 갓 태어났을 때는 성인의 25%이던 뇌가 만 3세를 전후해서 1,000g까지 급격히 성장하고, 만 10세가 되면 거의 성인의 뇌 크기만큼 성장을 이루며, 20세가 되면 1,300~1,500g으로 성장을 멈춘다. 이렇게 두뇌가 성장해 갈 때 두뇌의 영역별로 신경가지가 성숙하는 시기가 다르므로 자녀에게 올바르고 효과적인 교육을 하려면 이것을 알고 판단하여야 한다.

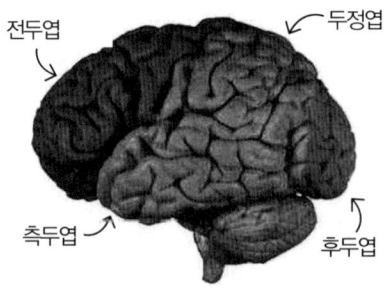

두뇌의 부위별 명칭

나이별 두뇌 발달 부위와 특징

나이	두뇌 발달 부위	기능 및 특징
0~3세	전두엽, 두정엽, 후두엽 전체 발달	두뇌가 전체적으로 고르게 발달하고 폭발적인 정보 흡수가 일어나는 시기이다. 한 분야만 많이 접하게 하는 편중된 학습을 피하고, 골고루 자극을 줄 수 있도록 여러 분야를 접하게 한다.
만 3~6세	전두엽	학습과 지적 능력과 관련 있는 부위이다. 판단력, 창의력, 집중력, 감정 조절 능력, 윤리성, 도덕성 등에 관여한다. 창의적 교육, 예절 교육 등이 필요하다.
만 6~12세	두정엽, 측두엽	두정엽은 수학·물리·공간적 사고를 담당하고, 측두엽은 언어능력·청각능력을 담당한다. 따라서 언어 관련 교육은 이때부터 시작하는 것이 좋다. 더 어릴 때부터 언어 교육을 시작하면 두뇌 발달 시기와 맞지 않기에 효과는 미미하며, 자칫 신경망의 과부하로 뇌세포를 손상시킬 수 있다.
12세 이후	후두엽	시각과 관련 있는 부위이다. 이 시기가 되면 외모에 관심을 갖게 되고 타인과 나의 외모가 다른 것을 깨닫고 아름답게 보이려고 한다.

140억 개의 세포로 이루어진, 약 1,400g의 두뇌는 부피나 무게, 세포 수가 중요한 것이 아니라 세포와 세포를 연결하는 신경망의 밀도가 중요하다. 이 신경망은 아인슈타인의 예에서 보았듯이 필요와 적절한 자극에 의해 자가 업그레이드를 한다. 성장하는 아이들은 두뇌 또한 성장기에 있으며 신경가지가 성숙하는 시기에는 개인차가 있으므로 현재 다른 아이와 견주어 내 아이가 더디거나 부족하다고 해도 낙심할 일이 아니다.

2차 성징이 일어나는 청소년기가 되면 두뇌 속에서 또 한 번 신경가지가 폭발적으로 생성된다. 그런데 이때의 회로망 형성은 필요와 자극에 의해서라기보다는 시기 발생적 현상으로서 여기저기에 마구 멋대로 생겨 버린다. 이렇게 되면 신경망의 교란이 일어나고 시냅스는 외부 자극에 민감하게 반응하며 도파민 등의 신경전달 물질을 쏟아 낸다. 감정 조절이 어려워지는 사춘기도 실은 이렇게 두뇌에서 먼저 시작되는 것이므로 질풍노도의 시기가 도래한 자녀를 나무라고 탓하기보다는 시간이 지나 뇌 회로가 안정을 찾을 때까지 무사히 지낼 수 있도록 다독이고 격려해 줄 필요가 있다.

재미있는 뇌 이야기 4
숨은 복병 '아미그달라'

아미그달라는 '편도체'를 말하는데 양쪽 해마 끝부분에 아몬드 모양으로 조그맣게 달려 있다. 트라우마, 스트레스, 정신적 공포, 육체적 고통에 관여하므로 아미그달라가 손상되면 위험한 상황에서도 공포를 느끼지 못한다. 아미그달라를 마비시킨 쥐는 고양이를 무서워하지 않는다. 심지어 고양이에게 잡아먹히면서도 고통스러워하지 않는다. 아미그달라를 마비시킨 원숭이는 경계심이 사라져 건네주는 모든 먹이를 받아먹는다. 그러다보면 독성이 강한 음식도 의심하지 않고 먹어 버린다.

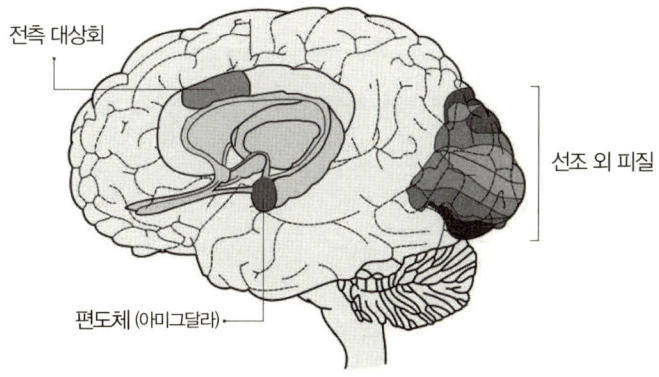

희로애락의 감정에 관여하는 아미그달라는 정보가 해마로 들어가기 위해 거쳐야 하는 통로이기도 하다. 그래서 감정의 동요가 심할 때는 억지로 공부

를 해도 머리에 남는 게 없다.

두뇌 건강을 위한 첫 번째 요소는 스트레스 케어이다. 스트레스를 받고, 화를 내는 것은 아미그달라가 반응을 하느냐 하지 않느냐에 달렸다. 화가 치미는 순간 아미그달라가 반응하지 않도록 하려면 두뇌 속의 이미그달리를 마음속에 떠올리고 자극에 반응하지 않도록 토닥여 주면 된다. 그렇게 하면 아미그달라는 90초 이내에 평정 상태로 돌아온다. 감정을 억누르는 것이 아니라 감정을 풀어주는 과정이 되어야 한다. '참을 인(忍) 자 세 번이면 살인도 면한다.'는 말은 이렇게 성립이 된 것이다.

이것을 잘 이용하면 스스로의 화뿐만 아니라 화가 난 상대방도 쉽게 화를 누그러뜨리게 할 수 있다. 나 때문에 화가 난 상대가 있다면 그의 아미그달라가 나의 무엇에 반응을 했는지 생각해 보고 그 점을 직접적으로 거론하여 인정해 버리면 상대 아미그달라의 분노 신호는 금방 꺼져 버린다.

분노를 조절할 수 있다면 스트레스 케어는 보다 쉽게 할 수 있다. 우울증은 유병자의 3분의 1이 자살을 시도할 만큼 무서운 병이라고 하는데 아미그달라를 바라보는 법을 실천한다면 우울증도 예방할 수 있다고 한다.

재미있는 뇌 이야기 5
제2의 기억 저장소 '제로 포인트 필드'

1997년에 임상 의학 분야에서 유명한 『랜싯』에 흥미로운 논문이 실렸다. 44세 남성이 왼쪽 다리에 힘이 빠지는 증상으로 지중해 대학 병원을 찾았다. 뇌 CT 촬영을 하였는데 놀랍게도 뇌가 있어야 할 자리에 뇌는 없고 유체가 가득했다. 이 남성의 뇌는 말 그대로 얇은 막에 불과했다. 그럼에도 IQ 테스트는 75가 나왔다. 그는 공무원으로 두 아이를 둔 가장이었다. 치료 후 왼쪽 다리는 정상이 되었으나 두뇌 크기에는 변화가 없었다. 논문을 제출한 교수들은 뇌가 서서히 변형되면서 남아 있는 뇌 부위가 사라진 뇌 부위의 기능들을 대신하게 되었고, 그 덕분에 정상적인 생활이 가능했을 것이라고 설명하고 있다.

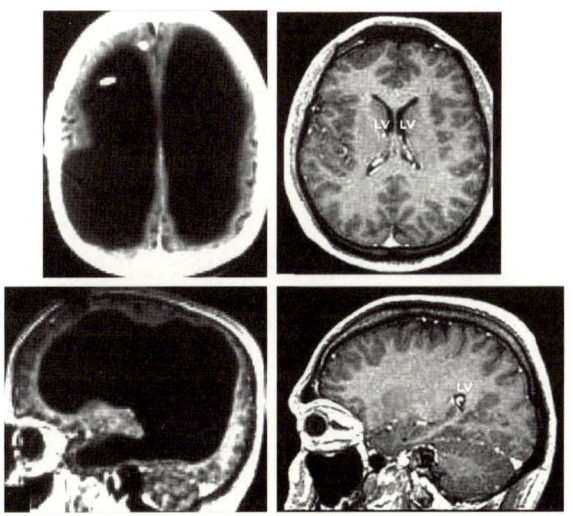

뇌가 거의 없지만 정상적인 생활을 한 사람의 뇌(왼쪽)와 일반적인 뇌(오른쪽)

뇌수종 등의 병으로 뇌가 정상인의 반밖에 안 되어도 정상적인 생활을 하는 데 지장이 없는 많은 예가 보고되고 있다. 한쪽 뇌에 발생한 뇌출혈로 인해 의학적으로는 반신불수가 되어야 함에도 정상적인 신체 활동, 언어 활동이 가능한 경우도 상당수 보고되었는데 이는 사실상 현재의 외과학 기술로는 설명이 불가능하다. 그래서 나온 가설이 제로 포인트 필드이다. 그 내용은 다음과 같다.

"기억은 애초에 두뇌에 있지 않고, 제로 포인트 필드라는 양자물리학 개념의 에너지 공간에 기록되어 있으며, 뇌는 이를 받아들이는 수신 시스템에 불과하다."

제로 포인트 필드는 '영점장'이라고 해석하는데 양자 물리학자들이 미립자 차원의 우주 공간을 부르는 말과 같다. 그런데 제로 포인트 필드에 지식이 저장된다는 가설은 어디서 시작되었을까?

1920년대에 하버드 대학교의 맥두걸 교수는 쥐의 미로 찾기 실험에서 이상한 점을 발견했다. 처음에 암컷 실험 쥐를 미로에 놓았을 때 그 쥐는 165번의 실수 끝에 미로를 벗어나는 데 성공했다. 그런데 이 암컷 쥐가 낳은 새끼들은 120번 만에 성공하였고, 몇 세대 뒤의 자손 쥐들은 단 20번 만에 미로를 통과했다. 부모 쥐가 자식 쥐에게 미로에 대해 가르치지 않았는데도 이러한 결과가 나왔다. 여기서 부모 쥐의 지식이 어떠한 공간에 저장되었다가 자녀 쥐에게 전달되는 것이 아닌가 하는 가설이 나왔다.

현재 제로 포인트 필드의 개념은 노벨상 수상자를 비롯한 여러 유명 양자 물리학자에게 지지를 받고 있다.

제로 포인트 필드에 대한 내용을 접할 때 이 시대 최고의 예언가이자 심령가였던 미국의 에드가 케이시가 이야기한 '아카식 레코드'가 떠올랐다. 에드가 케이시는 자신의 예언과 지식은 모두 우주의 지식 집합체인 아카식 레코드에서 나오는 것이라고 밝혔는데 자신의 역할은 단지 아카식 레코드에 접근하여 원하는 것을 꺼내오는 것밖에 없다고 하였다.

이렇게 보면 제로 포인트 필드와 아카식 레코드는 표현만 다를 뿐 거의 같은 개념으로 여겨진다. 이는 21세기 초에 등장한 클라우딩 컴퓨팅 개념과도 유사하다.

지식이 두뇌에 한정되지 않고 우주의 특정 공간에 에너지의 형태로 저장된다는 생각을 가진다면 보다 더 차원 높은 마인드로 공부할 수 있지 않을까? 1,400g에 불과한 두개골 속의 작은 뇌 말고 우주를 우리의 뇌로 삼는 것이다.

재미있는 뇌 이야기 6
셀룰러 메모리에 주목하다

애리조나 주립대학교의 심리학과 교수인 게리 슈왈츠는 우리의 장기 속 세포에도 정보를 기억하는 기능이 있어 습관, 취향, 단편적인 기억 등이 장기이식을 통해 다른 사람에게 전이될 수 있다고 주장한다. 그는 20년간 장기 이식을 받은 사람들을 연구하여 70여 건의 사례를 발표하였는데, 장기를 이식받은 사람들 중에는 장기 기증자가 살해당할 당시의 살인범 얼굴을 기억하여 잡아내기도 했고, 그림에 전혀 소질이 없던 사람이 화가 수준의 그림을 그려 내기도 했으며, 가벼운 잡지만 읽던 사람이 도스토예프스키를 좋아하는 사람으로 바뀌기도 했다.

셀룰러 메모리(cellular memory, 세포 기억설)에 대한 의학계의 입장은 다소 냉소적이다. 하지만 내장 속의 자율신경계에도 뉴런(수상 돌기, 축삭 돌기를 가진 신경세포)이 존재하는 것이 확인되었기에 완전히 부정하지도 못하는 입장이다.

내가 셀룰러 메모리에 주목하는 이유는 이를 오감 학습법, 제로 포인트 필드와 연관 지어 생각해 볼 수 있기 때문이다. 먼저 처음 언급하는 개념인 오감 학습법에 대하여 살펴보자.

오감 학습법의 근본 개념은 인간이 가진 감각을 총동원하여 학습하는 것이다. 손으로 쓰면서 공부하는 것을 기본으로 외국어 공부를 할 때는 소리를 내어서 책을 읽는 것이 좋고 때로는 과한 제스처를 동원해 기억될 정보의 자극을 강하게 해보는 등의 학습법이다. 실험 과정을 통한 학습이 더 이해가 잘되고 기억이 잘되는 것은 실험 자체가 오감을 충분히 자극하기 때문이다. 오감 학습법은 인간이 지닌 초인적인 정보 습득 능력의 표상이므로 정말 중요하다.

인지 심리학자들은 엄마 뱃속에 있다가 세상에 첫발을 내딛던 아기의 경우를 두고, 성인이 어느 날 느닷없이 문화·언어·습관 등 아는 것이 전혀 없는 낯선 외국 어딘가에 떨어진 경우와 흡사할 것이라고 이야기한다. 당신이 외국 어딘가가 아닌 외계 어느 문명에 떨어졌다고 상상해 보자. 충분히 실감이 날 것이다.

이렇게 세상에 나온 아기는 오감 능력이 어느 정도 갖추어지기 시작하면 3세가 될 때까지 소리로 듣고, 눈으로 보고, 손으로 만지고, 냄새를 맡고, 맛을 보며 마치 스펀지가 물을 빨아들이듯이 주위 정보를 흡수해 간다. 사물에 대한 정보를 오감으로 축적한 뒤에는 이를 바탕으로 스스로 언어를 습득하는 놀라운 능력을 보여 준다. 대부분 만 4세부터는 자신의 의사를 언어로 표현하게 된다. 중·고등학교에 이르는 6년의 정규 과정 아래 영어를 배우고도 외국인 앞에서는 입도 못 떼는 이들에 비하면 아기들의 언어 습득 능력은 가히 초인적이라 할 수 있다.

그런데 정규 교육 과정을 이수하게 되면서 점차 이 위대한 능력들은 쓰이지 않게 된다. 정규 교육 과정에서는 정보란 논리적이고 구체적이며 실증적인 것이어야 한다고 가르친다. 정보를 비논리적으로 처리하는 것을 허락하지 않는다. 스펀지처럼 정보를 흡수하던 능력이 정보를 대하는 관념의 변화에 의해 사장되는 것이다.

그렇다고 유아기를 벗어나서까지 정보 흡수를 위해 만지고 맛보고 냄새 맡고 할 수는 없는 노릇이다. 이후부터는 오감을 동원한 학습은 상상을 매개로 하여 이루어진다.

라디오에서도 요리 프로그램을 진행한다. 요리사는 레시피를 하나하나 말로 설명하며 요리를 한다. 게스트는 요리에 대해 이것저것 이야기를 거든다. 요리가 완성되면 냄새는 어떻고 맛은 어떻고 등등 품평을 늘어놓는다. 청취자는 배경 지식과 사전 정보를 바탕으로 그 요리에 대해 상상을 하고 이내 입안에 침이 고인다.

아인슈타인을 보자. 상상 속에서 앞서가는 빛을 따라갔다. 빛과 같은 속력으로 달리다가 빛보다 빠른 속도로 달리다가 어느 순간 빛이 멈추어 선 것처럼 보인다. 그리고 그것을 느낀다. 상대성이론은 이렇게 시작되었다.

오감 학습법은 마치 손끝에 뇌가 있고, 혀끝에 뇌가 있고, 눈에, 귀에, 코에 각기 뇌가 있는 것처럼 가정하고 학습하는 것이라고 할 수 있다. 그런데 이 부분이 세포 기억설과 묘하게 연결이 된다. 우리의 온 몸이 정보 처리와 기억의 저장고가 되는 것이다.

나는 세포 기억설과 제로 포인트 필드를 연관 지어 새로운 가설을 세워 보았다. 제로 포인트 필드에서 뇌의 역할은 수신 시스템이다. 뇌 속의 신경 다발인 뉴런은 수신 시스템의 안테나이다. 따라서 이 뉴런을 가지고 있는 장기는 미약하나마 제로 포인트 필드에 담겨 있는 정보를 수신해 낼 수 있다. 장기 이식자는 타인의 장기를 얻음으로써 제로 포인트 필드의 다른 채널을 수

신할 수 있는 안테나를 얻는 것이고, 기증자의 정보에 노출되는 것이다.

제로 포인트 필드와 세포 기억설과 다중 우주이론을 서로 연관 지어 놓고 보면 공통된 하나를 가리키고 있음을 알 수 있다. 그것은 우리의 정신계는 개인의 두뇌 속에 국한되지 않고 더 차원 높은 무엇인가와 연결되어 있다는 것이다.

재미있는 뇌 이야기 7
학습 능력 향상과 관련된 연구들

눈동자를 좌우로 움직이면 기억력이 향상된다.

영국의 맨체스터 메트로폴리탄 대학교의 앤드류 파커 연구팀은 102명의 학생을 대상으로 15개 단어가 있는 20개 목록을 읽는 남자의 목소리를 듣고 기억하도록 하였다.

단어를 들려주기 전에 학생들을 세 그룹으로 나누어, A그룹에게는 눈동자를 좌우로 움직이는 운동을 하게 하고, B그룹에게는 눈동자를 상하로 움직이는 운동을 하게 하고, C그룹에게는 눈동자 운동을 시키지 않았다.

테스트 결과는 A그룹 학생이 B그룹이나 C그룹 학생보다 10% 높은 단어 기억 능력을 보였으며 단어를 틀리게 기억할 확률은 15% 낮게 나타났다. 연구팀은 눈동자를 수평으로 30초 정도 움직이면 대뇌의 좌·우 반구가 서로 더욱 잘 소통하여 기억력과 회상력을 향상시키는 것으로 보인다고 하였다.

수면 중 뇌파와 같은 리듬의 소리 자극은 기억력을 높인다.

독일 튀빙겐 대학교 연구팀이 신경 과학 저널인 『뉴런』에 발표한, 기억력을 향상시키는 방법에 대한 연구 결과가 있다. 독일 튀빙겐 대학교 연구팀은 11명의 실험 참가자가 깊이 잠든 동안 여러 종류의 리듬을 들려주는 실험을 하였다. 그 결과 잠든 동안에 뇌파와 같은 리듬의 소리를 들려주었을 때 숙면에도 도움이 되었으며, 전날 학습한 내용을 더 잘 기억하였다. 뇌파와 같은 리듬의 소리가 뇌파를 만나면 증폭 작용이 일어나면서 숙면뿐만 아니라 기억력 향상에도 작용한다는 것이다.

2년 이상 악기를 연주하면 학습 능력이 향상된다.

'하모니 프로젝트'는 일반 고교 졸업률이 50%로 되지 않는 LA 인근 지역에서 무료 음악 교육을 제공하는 비영리 단체이다. 이 단체에서는 지속적으로 음악 교육에 참가한 학생들의 졸업률이 90%에 이르고 UCLA 및 튤레인 대학 등 명문대에 진학하는 경우가 많은 것에 주목하여 음악과 학업성취 사이의 관계에 대한 연구를 국립보건원에 의뢰하였다.

이에 노스웨스튼 대학의 연구팀이 나섰는데, 무작위로 44명의 어린이를 선발하여 뇌의 변화를 관찰하는 장치를 부착하고 2년이 넘는 기간 동안 관찰 연구를 하였다. 악기 교육을 받은 1년 후에는 뇌에 큰 변화가 나타나지 않았지만 2년이 넘어가자 뇌에서 뚜렷한 변화가 관찰되었다. 악기를 연주하는 과정에서 소리를 좀 더 정확하고 쉽게 처리하기 위해 두뇌 변화가 일어났는데, 이것이 언어와 읽기 능력과 관련된 두뇌 부위를 발달시켜 읽기와 말하기 등의 학습 능력을 직접적으로 향상시킨다고 분석하였다.

낮잠을 자면 학습 능력이 향상된다.

2003년에 미국 하버드 대학교 심리학과 새라 메드딕 연구팀은 짧은 낮잠이 학습 능력을 향상시킨다는 연구 결과를 신경 과학 저널인 『네이처』에 발표하였다. 연구는 오후 2시부터 60~90분간 낮잠을 잔 그룹과 자지 않은 그룹으로 나누어 진행했다. 낮잠을 잔 그룹은 시간이 지나도 양호한 학습 능력과 기억 능력을 유지했지만, 자지 않은 그룹은 시간이 지날수록 학습 능력이 떨어졌다. 또한 잠을 잔 그룹 내에서도 잠의 깊이가 깊고 급속 안구 운동(REM 수면)을 보인 경우일수록 더 뛰어난 학습 능력을 보였다. 연구팀은 지적 활동에서 낮잠이 밤잠만큼이나 유익하다고 결론 내렸다.

10년 뒤, 잠의 효용과 기능에 대해 보다 더 과학적이고 깊이 있는 연구가 이루어졌다. 2013년에 미국 로체스터 대학교 메디컬센터의 마이켄 네더가르드 연구팀은 잠의 기능에 대한 연구를 과학 저널 『사이언스』에 발표했다. 이 연구를 통해 잠을 자는 동안 신경 세포 사이의 간격이 60% 정도 넓어지고, 넓어진 간격 덕분에 세포 사이를 채우는 유체와 뇌척수액 사이의 환류가 10배까지 활발해져서, 깨어서 활동하는 동안 필연적으로 생성되는 신경 세포의 독성 대사산물(노폐물)을 효과적으로 청소하는 작용이 일어난다는 것을 알게 되었다.

이는 거꾸로 수면 박탈이 일으키는 학습 능력 저하, 수행 능력 장애, 졸도 등 뇌 기능 장애를 설명해 준다. 실험 쥐와 파리의 경우 지속적인 수면 박탈 상황이 되자 며칠 내지 몇 주 안에 죽어 버리는 극단적인 결과가 나왔다. 잠은 뇌를 청소하고 회복시키는 중요한 임무를 수행하고 있음을 알 수 있다.

하버드 대학교 심리학과 새라 메드닉 연구팀의 연구는 낮잠을 자는 시간에 따른 차이는 고려하지 않았다. 이후 『네이처』에 적절한 낮잠 시간에 대한 연구가 소개되었는데, 최대 30분 정도의 낮잠이 적절하며 그 이상은 오히려 무기력 상태에 빠져 능률을 떨어뜨리고 밤의 숙면을 방해한다고 했다.

피부에도 뉴런이 존재하며, 계산 처리 능력을 갖추고 있다.

최근까지는 피부에 존재하는 신경은 압각, 통각 등 촉각 시스템을 구성하여 물체가 접촉한 것에 대한 신호를 뇌에 전달하는 기능을 하는 것으로 생각되었다. 그런데 스웨덴 우메아 대학교의 IMB(Department of Integrative Medical Biology) 연구팀은 피부 속의 신경 구조가 언제 어느 정도의 강도로 접촉했는지에 대한 촉각 신호를 뇌에 전달할 뿐 아니라 피부에 접촉한 대상에 대한 기하학적 데이터(형태에 대한 정보)를 처리하는 능력을 갖추고 있다고 밝혔다. 연구팀이 가장 주목한 것은 사람이 손으로 뭔가를 만졌을 때 이 감각을 뇌에 전달하기 전 단계에서 이미 피부 속 뉴런에 의해 사물의 형태에 대한 계산이 이뤄진다는 것이다. 이는 말초 신경이 대뇌 피질에 존재하는 뉴런과 비슷한 계산 능력을 가지고 있다는 것을 의미한다. 연구팀은 2014년, 이에 관한 논문을 학술 저널인 『네이처 뉴로사이언스』에 발표하였다.

호르몬의 총 지휘자, 행복 호르몬 '세로토닌'

행복 호르몬으로 알려진 세로토닌에 관한 연구는 3대 과학 저널인 『사이언스』, 『뉴런』, 『네이처 뉴로사이언스』에 손꼽기 어려울 정도로 많이 게재되었다. 그만큼 연구가 정도로 활발히 이루어지고 있다는 것이다.

이 책의 전반부에서 학습에 영향을 미치는 중요한 호르몬으로 엔도르핀을 언급했는데 삶의 목적을 '행복'이라고 규정하는 수많은 철학자의 사상을 빌려 과학적으로 접근하면 세로토닌은 엔도르핀보다 훨씬 중요하게 여겨지는 호르몬이다. 현대인들이 자주 겪는 우울증은 세로토닌의 부족으로 나타나는 대표적 신경 증상이다.

강한 행복감(쾌락)은 '도파민', 집중은 '엔도르핀', 사랑은 '페닐에틸아민', 모성은 '옥시토신', 건강은 '멜라토닌', 평온한 행복감은 '세로토닌'에서 나온다.

세로토닌은 거의 모든 호르몬의 기능에 관여한다. 그래서 세로토닌을 '호르몬의 지휘자'라고도 한다. 세로토닌의 과·부족은 다음과 같은 수많은 증상과 관련이 있다.

① 우울증(우울증 대표 처방약인 '프로작'은 세로토닌을 높인다.)
② 강박증, 공황장애
③ 불면증
④ 기억력, 판단력 저하
⑤ 소화 불량, 과민성 대장증후군
⑥ 편두통(세로토닌 과다 분비가 주요인)
⑦ 만성 통증
⑧ 거식증 및 폭식증
⑨ 성 기능 장애
⑩ 사회성 및 대인 친화력 저하

원숭이 집단에서 두목 원숭이는 계급이 낮은 다른 수컷 원숭이들에 비해 뇌의 세로토닌 수치가 월등히 높았다. 이에 착안하여 무리 내에서 계급이 낮고 인기도 없는 수컷에게 세로토닌 양을 늘려 주었더니 인기가 높아지면서 계급도 상승하고 짝짓기에도 더 많이 성공하였다. 이처럼 세로토닌은 외향적 성향을 형성하는 데 기여하여 사회성에도 많은 영향을 미친다.

세로토닌은 천연 수면제이자 강력한 항산화 물질인 '멜라토닌'의 전 단계 호르몬이기도 하다. 세로토닌이 부족하면 멜라토닌을 만들지 못해 불면증을 유발하고, 멜라토닌의 부족은 인체 면역력과 저항력, 회복력을 상당히 약화시킨다. 극단적인 예이기는 하지만 쥐를 대상으로 실시한 항암 실험에서 멜라토닌을 억제했더니 항암제가 거의 작용하지 않았으며 대조군에 비해 2배 이상 암 성장이 빨라지는 것이 관찰되었다.

세로토닌은 필수 아미노산 중의 하나인 트립토판을 기반으로 하여 장에서 90%, 뇌에서 10%가 만들어진다. 그런데 안타깝게도 장에서 만들어진 세로토닌은 입자가 커서(호르몬은 단백질의 일종이다.) 장벽을 지나 혈관을 통해 두뇌로 이동하지 못한다. 두뇌에서 만들어진 것만 두뇌에서 사용된다.

인체에서는 아침부터 저녁까지 세로토닌을 만든다. 밤이 되면 그동안 만들어 놓은 세로토닌은 멜라토닌으로 재합성된다. 멜라토닌은 생체 시계를 관장하며 수면 신호를 보낸다. 멜라토닌의 생성은 완전한 어둠 속에서 극대화된다.

수면 중 두뇌는 이완되고 뇌척수액의 환류로 뇌 내의 대사산물과 독소가 제거된다. 어둠 속에서 생성된 멜라토닌은 인체의 면역력을 높이고 손상된 DNA를 치유한다. 세로토닌과 멜라토닌은 동전의 양면이고, 물과 불이며, 태양과 달의 관계와 같다.

흔히 말하는 "세로토닌 하자."는 다음 사항을 지키는 것이다.

① 필수 아미노산인 트립토판을 얻기 위하여 양질의 단백질을 섭취한다.
② 하루 30분~1시간 동안 태양빛을 받는다. 세로토닌은 태양빛의 자외선이 뇌 내 송과선을 자극하면 생성된다.
③ 적절한 운동은 세로토닌 분비를 높인다.
④ 가급적 외향적인 태도로 대인 관계를 맺는다.
⑤ 트립토판은 우유와 바나나를 통해 쉽게 공급받을 수 있고, 세로토닌은 뇌세포에 도움이 되는 오메가-3 지방산이 함유된 견과류를 먹으면 분비가 증가한다.
⑥ 미국과 일본에서는 멜라토닌 제제가 적법한 약물로 판매되고 있다고 한다. 불면증이 있다면 부작용 논란이 있는 졸피뎀 계열의 수면제보다 멜라토닌 성분이 함유된 수면 유도제를 적절히 활용해 보자.

짧은 시간 격렬한 운동이 뇌세포 생성과 성장 호르몬 분비를 촉진한다.

약 4만 년 전 지구상에 출현한 현생 인류의 유전자는 생존을 위하여 진화를 거듭해 왔다. 오늘날에는 생존 방법이 달라졌음에도 불구하고 인류 유전자 속에는 사냥을 위해 또는 포식자로부터 목숨을 건 탈출을 위해 전신 근육을 최대치로 사용했던 기억이 남아 있다고 한다. 그래서 전문가들은 현대인에게도 주 2회의 격렬한 운동은 반드시 필요하다고 강조한다. 다음의 연구 결과는 이를 뒷받침한다.

미국 캘리포니아주 라 욜라에 위치한 솔크 생물학연구소의 프레드 게이지(Fred Gage) 박사는 쥐 실험 결과, 쳇바퀴를 열심히 도는 격렬한 운동을 한 쥐가 수영을 한 쥐나 별로 움직이지 않은 쥐보다 해마 부위에서 새로운 뇌세포가 2배 이상 많이 자라는 것을 확인하였다. 그러면서 해마는 학습과 기억을 관장하므로 격렬한 운동은 학습 능력 향상에 직접적인 영향이 있을 것이라고 언급하였다. 이 연구는 『네이처 사이언스』지에 게재되었다.

또한 격렬한 운동을 하면 근육의 에너지를 소진시켜 근육 내 영양분 결핍 상태를 만들고 근 세포를 파괴하여 새로운 근육을 생성시키는데, 이 정도로 강한 자극을 주는 운동은 성장 호르몬의 분비를 촉진시킨다. 근육 내 새로운 단백질의 합성을 촉진하고 동시에 세포 내에 존재하는 기존의 단백질을 보존하기 위하여 평상시보다 월등히 많은 성장 호르몬이 분비되는 것이다.

에필로그

독서 능력과 집중력 향상에 대한 원고를 쓰기로 하고 우선 목차를 만드는 작업을 했다. '가능한 한 속독과 집중력에 대해서 독자에게 도움이 되는 많은 것을 담으리라.'

그런데 결국 이것이 제 무덤을 판 꼴이 되었다. 자료를 정리하다 보니 기존에 알던 지식들이 새로운 연구 결과에 의해 뒤바뀐 것들이 나오기 시작했다. 예를 들어 기존의 학설에서는 뇌세포는 한 번 손상되면 재생이 되지 않는다는 것으로 알고 있었는데 지금은 뇌에도 줄기세포가 존재해서 일정 부분의 손상은 복구할 수 있다고 한다. 나의 지식에 오류가 있을 수 있음이 확인되자 책에 담고자 하는 내용들에 대한 검증을 시작했다. 결국 글 한 자 쓰지 못하고 200편이 넘는 논문과 수십 권의 관련 도서를 찾아 읽는 데 몇 개월을 보내야 했다. 그렇게 시작한 지 11개월 만에 원고가 나왔다.

타인에게 정보를 전달할 때 말로서 잘하는 사람이 있고 글로서 잘하는 사람이 있다. 그런데 전자의 경우에 해당하는 사람이 졸렬한 필력으로 글을 쓰려고 덤볐으니 고생을 피할 수 없는 처지가 되고 말았다. 이 책의 내용을 강의로 한다면 정말 재미있게 술술 잘 전할 텐데…. 생각보다 힘들게 쓴 책이지만 최대한 독자들에게 전하고자 하는 내용들을 쉽게, 많이 담고자 했다. 모쪼록 독자들에게 무리 없이 전달되기를 바란다.

오랫동안 많은 학생에게 공부에 대한 새로운 안목을 심어 주고, 그들의 고민을 들어 왔다. '이 책이 과연 그들을 조금 더 행복해지게 하는 데 일조할 수 있을까. 오히려 하지 않아도 될 것들을 더 하게 만드는 것은 아닐까.' 그런 염려가 없는 것은 아니지만 독자들이 이 책의 내용 중 일부만이라도 취할 수 있다면 실보다는 득이 클 것이라 생각한다. 나로서는 부끄럽지 않은 책을 쓰고자 노력했으나, 평가는 이제 독자들의 몫이다.

책의 내용 중 가장 의미 있는 것을 꼽으라면 '신뢰'에 관한 이야기를 들 수 있다. 속독은 자신에 대한 신뢰가 없으면 익힐 수 없다. 집중력도 그렇고, 자존감, 자기 효능감, 자기 암시, 행복 등 긍정적 요소를 가진 모든 것은 외부로부터의 신뢰나 내부로부터의 신뢰가 없이는 단 하나도 얻을 수 있는 것이 없다. 미래에 대한 불확실성에 든든한 버팀목이 되어 주는 것, 그것이 신뢰이다. 애정과 신뢰가 담긴 눈으로 자녀를 바라보고, 거울 속 자신을 바라보자. 무엇이든 할 수 있다는 용기를 얻을 수 있을 것이다.

마지막으로 에밀 쿠에의 말을 빌려 글을 마무리하고자 한다.

"당신은 매일매일 모든 면에서 점점 더 좋아지고 있다."

감사의 글

- 글 쓰는 사내치고 늘품 있는 놈 없다고 늘 타박하시면서도 늦은 밤 수험생 챙기듯이 음료며 간식거리를 챙겨 주신 어머니, 이정열 여사님께 감사드린다.
- 이전에 출간했던 책보다 훨씬 좋은 책을 쓰게 해 주겠노라며 아이디어 제공과 조언과 후원을 아끼지 않은 동생 김성우에게 고마운 마음을 전한다.
- 차 한 잔을 시켜 놓고 4~5시간을 버티며 글을 쓰고 있어도 눈치 한 번 안 주시고 좋은 음악을 골라 틀어 주신 집 앞 카페 MAS beans 사장님께 감사드린다.

참고 문헌

단행본

김규태. PLM 감각 속독법. 리젠스쿨.

김상운. 왓칭. 정신세계사.

김영철. 4차원 두뇌 속독법. 한비.

노구치 유키오. 초발상법. 학원사.

노구치 유키오. 초학습법. 중앙일보사.

론다 번. 시크릿. 살림biz.

박화엽. 실험독서방법의 교수법. 독서행동개발사.

배항영. 하이파이셈. 하이파이.

서유헌. 잠자는 뇌를 깨워라. 평단문화사.

에밀 쿠에. 자기 암시. 하늘아래.

원동연. 5차원 전면 교육학습법. 김영사.

이강백. 만인을 위한 속독법. 대한두뇌개발정보센터.

이금남. 종합 속독법. 성안당.

조엘 오스틴. 긍정의 힘. 두란노.

하루야마 시게오. 뇌내혁명 1,2,3. 사람과 책.

한재우. 365 공부 비타민. 위즈덤하우스.

황농문. 몰입. 랜덤하우스코리아.

논문

김동구. 박화엽 속독이론의 인식론적 성격. 교육논총. Vol.9(2004).

김우현. 불교명상을 활용한 집중력훈련프로그램이 중학생의 학업성취동기와 학습태도 및 학업성취도에 미치는 효과 : 사마타수행을 중심으로. 성균관대학교 교육대학원(2011).

김혜온. 다중지능 이론의 비판적 성찰. 인간발달연구, Vol.16 No.4[2009].

김효원. 긍정적 자기 암시 활동과 시험불안이 중학생의 학업성취도에 미치는 효과. 계명대학교 교육대학원[2011].

문성욱. 효율적인 청해 학습·지도가 청해력 향상에 미치는 영향. 연세대학교 교육대학원[2010].

박남수. 효과적인 영어 독해를 위한 속독 지도 방안 연구. 성균관대학교 교육대학원[2007].

박화엽. 대학생집단을 위한 효과적인 독서지도방안. 학생생활연구, Vol.19[2001].

박화엽. 독서행동과 관련된 안구행동의 문헌 조사결과의 해석. 교육발전, Vol.5 No.1[1986].

박화엽. 속독교수법탐구. 교육발전, Vol.19 No.1[2000].

박화엽. 수업집중력모형개발. 교육논총, Vol.5[2001].

송미선. 속독을 통한 중학생의 읽기능력 신장 방안. 한남대학교 교육대학원[2003].

오민아. 하노이 탑의 구조 탐색을 위한 초등 수학 영재 교수 학습 자료 개발. 경인교육대학교[2014].

이석우. 국어 속독에 관한 연구 : 그 실태조사 및 훈련방법을 중심으로. 계명대학교 대학원[1969].

임재근. 문제 해결과정에서 과학 영재아와 일반아의 뇌파 활성 분석. 과학교육연구지, Vol.34 No.1[2010].

임재익. 영어의 속독속해력 신장에 관한 연구. 전북대학교[1989].

장현아. 수학교육에서 귀납적 추론과 유추에 관한 연구. 전북대학교 교육대학원[2013].

정경필. 한글속독과 영어속독의 통합적 연구. 경남대학교 대학원[2005].

정혜숙. 독해 속도와 독해력의 관계에 대한 연구. 숙명여자대학교 테솔대학원[2010].

조윤희. 고등학생의 주의 집중력이 학업 성취도에 미치는 영향. 아주대학교 교육대학원[2009].

최명옥. 하노이 탑 과제를 통해 본 아동의 문제해결 과정 분석. 동덕여자대학교 대학원[1996].

최진규. 수학적 귀납법의 모델에 관한 연구. 단국대학교 교육대학원[1998].

최진이. 창의성에 영향을 미치는 지능, 성 및 인성적 특성 : 높은 IQ 아동과 보통 IQ 아동의 비교. 이화여자대학교 대학원[1989].

입시 전쟁터, 승률 200%로 만드는 비법
중학 3년간 입시 내공을 쌓아 경쟁력을 키워라!
고등학교 진학 선택 기준이 궁금하다!

중학생 때부터 입시를 준비해야 하는 이유

중학 3년, 대학을 결정한다
중학생이 꼭 알아야 할 입시 전략

대학 진학에서 중학교 때부터 고등학교 때까지의 6년 기간 중 어느 학년이 가장 중요하고 결정적인 시기일까? 중고등학생을 오랜 기간 지도해온 필자는 〔중학교 3학년 – 고등학교 1학년 – 중학교 2학년 – 고등학교 2학년 – 중학교 1학년 – 고등학교 3학년〕 순이라고 말한다. 중학교 3학년에는 대학 입시에서 중요한 선택이 자리하기 때문이다. 바로 고등학교 선택이다. 어느 고등학교에 가야 입시 전쟁터에서 경쟁력을 얻을 수 있을까? 이 책에서는 중학 3년을 어떻게 보내야 하는지 짚어주며 고등학교 선택 시 고려해야 할 사항을 다루었다.

장정현 지음 | 252쪽 | 값 13,000원

다방면의 학습 전문가들이 참여한 5개월간의 프로젝트
시행 학교의 학부모 94.6%가 만족하는 자기주도학습 프로그램
공부의 주체인 아이들에게 스스로 공부하는 힘을!

공부, 하고는 있는데 왜 성적이 오르지 않을까?
잠재력과 가능성을 깨우는 자기주도학습 능력 회복 프로젝트

EBS 교실이 달라졌어요
자기주도학습 편

진정한 자기주도학습이란 바로 스스로를 진단·평가하여 목표를 세우고, 올바르고 효과적인 방법을 찾아 적용하며 실천하는 모든 과정과 그 힘을 기르는 훈련까지를 의미한다. 이 책은 제가기 다른 모든 아이들에게 동일한 학습 방법을 적용하던 한계에서 벗어나, 공부를 시작으로 아이의 인생을 변화시킬 자기주도적 삶의 태도를 기르는 방법까지 깨달을 수 있도록 그 길을 보여주고 있다. 남들도 다 하니까, 부모님이 시켜서 등 학습 동기 없이 공부하는 아이들부터 공부를 어떻게 해야 할지 몰라 어렵다고 포기하게 되는 아이들, 지금도 스스로 잘해나가고 있는 모든 학생들에게 '스스로 공부할 수 있게 하는 힘'을 기르는 방법을 제시한다.

EBS 〈교실이 달라졌어요〉 제작팀 지음 | 208쪽 | 값 13,000원